Sete Coisas Que Roubam Sua Alegria

Vencendo os obstáculos para sua felicidade

JOYCE MEYER

Sete Coisas Que Roubam Sua Alegria

Vencendo os obstáculos para sua felicidade

1ª Edição

BELO HORIZONTE

EDIÇÃO PUBLICADA MEDIANTE ACORDO COM FAITHWORDS, NEW YORK, NEW YORK. TODOS OS DIREITOS RESERVADOS.

Diretor
Lester Bello

Autora
Joyce Meyer

Título Original
Seven Things That Steal Your Joy

Tradução
Célia Regina Chazanas Clavello

Revisão
Tucha

Editoração eletrônica
Eduardo Costa de Queiroz

Design capa (Adaptação)
Fernando Duarte
Ronald Machado

Impressão e Acabamento
Promove Artes Gráficas

BELLO PUBLICAÇÕES

Endereço - Rua Vera Lúcia Pereira,122
Bairro Goiânia - CEP 31.950-060 Belo
Horizonte - Minas Gerais MG/Brasil -
Tel.: (31) 3524-7700
contato@bellopublicacoes.com.br
www.bellopublicacoes.com.br

© 2000 Joyce Meyer
Copyright desta edição:
FaithWords

Publicado pela Bello Com. e Publicações
Ltda-ME. com devida autorização de
FaithWords, New York, New York.

Todos os direitos autorais
desta obra estão reservados.

1ª Edição - Setembro 2006
5ª Reimpressão - Julho 2016

M612

Meyer, Joyce, 1943.
  Sete coisas que roubam sua alegria: vencendo os obstáculos para sua felicidade / Pauline Joyce Meyer; tradução de Célia Regina Chazanas Clavello. - Belo Horizonte: Bello Publicações, 2016.

  236 p.
  Título original: Seven things that steal your joy.
  ISBN: 978.85.61721.26-8

  I. Deus – Confiança. 2. Alegria de viver.
  I. Clavello, Célia Regina Chazanas. II. Título

     CDD: 212.1
     CDU: 231.11

Sumário

Nota da Autora	07
Introdução: Você pode ter alegria a cada dia!	11
1 Duas escolhas: obras ou graça?	19
2 Ladrão da Alegria nº 1: Obras da carne	29
3 Guarda da Alegria nº 1: Seja dirigido pelo espírito	44
4 Ladrão da Alegria nº 2: Legalismo religioso	56
5 Guarda da Alegria nº 2: Seja livre em cristo	68
6 Ladrão da Alegria nº 3: Complicando coisas simples	81
7 Guarda da Alegria nº 3: Seja simples	88
8 Ladrão da Alegria nº 4: Racionalismo excessivo	100
9 Guarda da Alegria nº 4: Confie em Deus	113
10 Ladrão da Alegria nº 5: Ira impiedosa	126
11 Guarda da Alegria nº 5: Seja rápido para perdoar	138
12 Ladrão da Alegria nº 6: Ciúmes e inveja	151
13 Guarda da Alegria nº 6: Seja abundantemente abençoado	158
14 Ladrão da Alegria nº 7: Descontentamento habitual	172

15	Guarda da Alegria nº 7: Permaneça contente	186
16	Você pode ter uma vida de alegria	199

Versículos para manter sua alegria   201

Oração para um relacionamento pessoal com o Senhor   205

Notas   207

Nota da Autora

Tenho grande prazer em ajudar as pessoas a desfrutar a vida. Estou certa de que isso se deve, em parte, ao fato de ter desperdiçado minha própria vida durante muitos anos sem usufruí-la.

Na verdade, cresci numa atmosfera na qual me sentia culpada se usufruísse algo. Tornei-me viciada em trabalho e adquiri um falso senso de responsabilidade.

A Palavra de Deus me fez livre e hoje quero ajudar outros a conhecer as verdades que descobri.

Jesus certamente não morreu por nós para que fôssemos tristes e miseráveis. Ele realmente disse em João 10.10 que veio para que tivéssemos vida e a desfrutássemos. Imagine isso! Jesus quer que desfrutemos a vida!

Há muitas coisas que podem roubar nossa alegria. Neste livro, abordaremos sete delas. Veremos os "ladrões da alegria" e os "guardas da alegria" de cada área.

Por exemplo, as obras da carne, ou seja, nosso esforço tentando fazer o trabalho que compete a Deus, constituem um grande problema na vida de muitas pessoas, especialmente aquelas que estão enraizadas em princípios baseados na "realização para a aceitação". Como muitas pessoas, somente me sentia aceita por outros, especialmente meu pai, quando me comportava bem.

Nenhuma falha ou erro eram tolerados. Não havia misericórdia. Cada benefício, ou bondade, tinha de ser *merecido*. Caí na armadilha de "conquistar" meu próprio caminho pela vida e "merecer" casa coisa. Quando me tornei crente em Cristo Jesus e iniciei um relacionamento com Deus Pai, aprendi, por intermédio do estudo da Bíblia, que Deus queria cuidar de mim. Foi difícil sair do caminho e deixar Deus ser Deus em minha vida. Eu não sabia como confiar nEle, e assim lutava com minhas próprias forças e freqüentemente me sentia frustrada.

Deus não permitirá que as coisas em nossa vida sejam bem-sucedidas, a menos que confiemos nEle. Jesus disse em João 15.5 que não podemos fazer nada sem Ele.

Graça é a habilidade, a energia e capacidade de Deus, vindas a nós com a missão de nos ajudar a fazer com facilidade o que nunca faríamos com nossos próprios recursos. As obras da carne devem ser deixadas de lado para que recebamos a graça. Onde existirem as obras da carne não haverá alegria. A frustração, o esforço e a confusão não são a vontade de Deus.

Você encontrará ajuda para livrar-se de todas essas misérias nas páginas deste livro.

A inveja, o descontentamento, a preocupação e muitas outras coisas roubam nossa alegria, mas, graças a Deus, Ele nos ensina a manter nossa alegria. Satanás é um ladrão, mas Jesus morreu para trazer a plena restauração de tudo o que o homem perdeu por meio do engano do inimigo.

Passei muito tempo para aprender a desfrutar minha vida. A palavra-chave é *minha* vida. Aprendi que não podia cobiçar a vida de outras pessoas, mas usufruir a minha. E não foi fácil fazer tal transição. Não estou dizendo que ainda não esteja aprendendo, mas uma coisa sei que é a vontade de Deus para todos nós: *desfrutar* a vida que Ele nos deu. A alegria do Senhor é a nossa força. Temos de tomar a decisão de usufruir *cada dia* de nossa vida.

Desfrutar a vida não significa que teremos algo empolgante o tempo todo; mas que precisamos aprender a usufruir as coisas simples do dia-a-dia. A maior parte da vida é feita de coisas corriqueiras, mas somos sobrenaturalmente equipados com o poder de Deus para vivermos os dias comuns de forma extraordinária.

Deus é a Vida, e se não a desfrutarmos, então realmente não usufruiremos a presença dEle. Ele veio para que possamos ter vida e desfrutá-la em plenitude. Vamos aprender como agir para que possamos ser testemunhas do poder de Deus que está disponível a todos nós. Sim, é necessário poder de Deus para usufruir a vida, porque nem tudo é fácil. Muitas coisas acontecem que não planejamos e algumas delas são desagradáveis. Todos nós encontramos pessoas difíceis de lidar e situações lamentáveis, contudo Jesus disse: "Tende bom ânimo; eu venci o mundo (e o privei do poder de vos destruir)" (João 16.33). Ânimo e alegria são armas de guerra, e a tristeza nos enfraquece, mas como eu disse, a alegria nos traz força.

Oro para que este livro transforme sua vida e que você se torne inspirado e cheio da alegria do Senhor e, assim, possa inspirar outras pessoas. Vamos espalhar as boas novas de que servir a Jesus é algo que traz alegria.

Sorria, ria... Isso fará com que você e todos ao seu redor se sintam melhores!

Joyce Meyer

INTRODUÇÃO

Você pode ter alegria todo dia!

A alegria na vida é algo maravilhoso. Note que eu disse *na* vida, e não *com a* vida. Podemos querer ver mudanças em nossas circunstâncias, mas não temos de permitir que situações desagradáveis nos tornem miseráveis.

A alegria faz com que as circunstâncias mais indesejáveis se tornem suportáveis.

Por muitos anos não desfrutei minha vida, embora fosse uma cristã, mas desejava fazê-lo. Assim, pedi a Deus que me ajudasse a mudar. Neste livro, compartilho as verdades bíblicas por meio das quais aprendi como ter alegria dia a dia. Meu propósito é abrir os olhos do seu entendimento com relação ao poder da alegria, como obtê-la e como mantê-la.

A alegria pode variar de intensidade, desde um calmo deleite a uma hilaridade extrema. Ela está diretamente conectada às nossas expectativas (o que pensamos e cremos).

Um dos significados da palavra *alegria* é: "A paixão ou emoção que é alimentada pela aquisição ou expectativa de algo bom".[1] Em outras palavras, a alegria é afetada pela maneira como *esperamos* que coisas boas nos aconteçam.

A alegria também está intimamente relacionada com a força. Muitas pessoas não têm força porque estão buscando a felicidade do mundo, em vez de a alegria do Senhor.

A Palavra de Deus diz: "Portanto, não vos entristeçais (não vos aflijais ou vos deprimais), porque a alegria do Senhor é a vossa força (e fortaleza)". (Neemias 8.10)

A alegria que o Senhor dá não depende das circunstâncias naturais. A Palavra de Deus nos ensina sobre a alegria da salvação (sermos felizes porque somos cristãos)[2] e sobre ter alegria por causa da sua Palavra e da sua Presença.

O salmista Davi escreveu: "Tu me farás ver os caminhos da vida; na tua presença há plenitude de alegria, na tua destra, delícias perpetuamente" (Salmos 16.11). O profeta Jeremias disse: "Achadas as tuas palavras, logo as comi; as tuas palavras me foram gozo e alegria para o coração" (Jeremias 15.16). O apóstolo Paulo nos diz: "Alegrai-vos (deleitai-vos, satisfazei-vos) sempre no Senhor; outra vez digo: alegrai-vos". (Filipenses 4.4)

Por toda a Bíblia, de capa a capa, somos encorajados a sermos alegres. Lemos em Provérbios 17.22: "O coração alegre é bom remédio". Penso que se as pessoas tivessem mais alegria, provavelmente, adoeceriam com menos freqüência. Acredito que a alegria é muito mais do que nos sentirmos bem, ela fortalece nosso testemunho e melhora nossa aparência, nossa saúde e nossa qualidade de vida.

Mas esse não é um livro que trata apenas de felicidade, alegria, e saúde; ele fala também sobre *força*. A alegria do Senhor é a nossa força, nosso poder para vencer, e o nosso inimigo, Satanás, sabe disso.

Satanás é especialista em tentar nos roubar, mas seu alvo favorito não são nossas possessões materiais, é a nossa alegria. Ele sempre tenta roubar nossa alegria porque sabe que, se a perdermos, perderemos nossa força e lhe daremos uma vantagem poderosa sobre nós. Assim, nossa alegria é seu interesse principal. Ele quer trazer coisas desencorajadoras para nossa vida e nos fazer crer que a vida consiste em desapontamentos.

Eu costumava me sentir desanimada com minha vida. Quando era mais jovem, era uma pessoa bastante sombria. Tendo experimentado muito sofrimento e feridas emocionais, a vida para mim era dolorosa, triste e bastante séria. Eu sempre parecia estar carregando uma carga pesada.

Tive que *aprender* que podia desfrutar a vida e ser feliz, tranqüila e alegre.

Levou anos para que eu aprendesse o que compartilharei com você neste livro. Espero que a revelação destas verdades o ajudem a evitar os anos de tormento que muitos de nós atravessamos antes de aprendermos como obter e manter a alegria. Lembre-se: se você quer ter alguma força contra Satanás, deve manter sua alegria.

Desfrutando a vida

Não temos de deixar o diabo roubar nossa alegria. Não importa o que esteja acontecendo em nossa vida, precisamos permanecer felizes quanto pudermos, e assim teremos a força para enfrentar o que vier em nosso caminho.

Uma forma de permanecermos alegres é não tentar tornar as pequenas coisas grandes problemas. Por exemplo, talvez alguém tenha nos machucado, mas permanecermos irados roubará nossa alegria, e a solução é superar isso rapidamente.

"Mas o que eles fizeram não estava certo", você pode dizer.

Todos nós fizemos algo que não estava correto a alguém, em algum momento de nossa vida. Quando fizemos isso, do que precisávamos? Precisávamos de um pouco de misericórdia. O que queríamos que a pessoa ofendida fizesse por nós? Que ela nos perdoasse. Isso significa que precisamos semear o que queremos colher.[3]

Não somente precisamos dar às outras pessoas outra chance, mas também a nós mesmos. Precisamos aprender a não sermos tão duros conosco e com os outros. Por quê? Porque a dureza e a falta de perdão roubam nossa alegria.

Creio que é extremamente importante que você desfrute sua vida. Assim, neste livro, quero compartilhar com você sete coisas que roubam sua alegria e o que você pode fazer para deter Satanás, o "Ladrão da Alegria". Também quero compartilhar como você pode fazer algumas mudanças na forma de lidar com situações (se você precisar de ajuda nessa área), pois, de outra forma, todas as vezes que você enfrentá-las entregará sua alegria ao inimigo.

Você quer ser mais feliz? Quer desfrutar a vida em plenitude cada dia? Eu quero. Quero usufruir cada dia que eu viver. Não quero fazê-lo apenas de vez em quando ou somente quando as coisas vão bem. Mesmo quando tiver um grande problema, ainda quero desfrutar a vida. Quero fazê-lo enquanto Deus estiver me transformando, enquanto estiver trazendo o milagre de que preciso, enquanto meu ministério estiver crescendo.

Como você, quero usufruir a vida em plenitude cada dia; porém, descobri que não conseguirei fazer isso se não estiver *determinada* a fazê-lo.

Introdução

A ALEGRIA É UMA DECISÃO

O salmista Davi disse: "Este é o dia que o Senhor fez; regozijemo-nos e alegremo-nos nele" (Salmos 118.24). Creio que ele estava fazendo uma declaração não só a respeito de si mesmo, mas em favor de todos aqueles que quisessem ouvir.

Ter alegria não se trata de um sentimento; é uma decisão. Podemos declarar: "Deus me deu este dia. E se Ele decidiu me deixar respirar mais um dia, *então vou desfrutar isso!*"

Jesus disse: "O ladrão vem somente para roubar, matar e destruir; eu vim para que tenham (e desfrutem a) vida e a tenham em abundância (até a plenitude, até transbordar)". (João 10.10)

Usufruir a vida abundante que Jesus morreu para lhe dar é algo que se baseia numa decisão que você toma, e não em suas circunstâncias.

Decida ser feliz agora mesmo onde você está e desfrutar a vida que você tem agora, enquanto caminha rumo ao alvo.[4] Tome essa firme decisão em sua jornada.

Você pode começar a dizer em voz alta: "Vou desfrutar minha vida". Agora diga isso como se realmente acreditasse: *Vou desfrutar minha vida!*

Até que você tenha esse pensamento fixado em sua mente, cada manhã quando você acordar, antes que você saia da cama, eu o encorajo a dizer em voz alta: "Vou desfrutar este dia! Vou aproveitar o dia! Tomo minha autoridade sobre o diabo, o Ladrão da Alegria, mesmo antes que ele tente vir contra mim! Decido que hoje *vou manter minha alegria!*"

É meu desejo que você usufrua sua vida até transbordar, e quero ajudá-lo tanto quanto puder.

No primeiro capítulo deste livro, compararemos o fruto de *nosso esforço para conseguir* o que queremos, em contraste com a atitude de simplesmente *confiarmos* na graça de Deus para que Ele nos dê o melhor. Então, lhe mostrarei Sete Ladrões da Alegria que nos roubam da felicidade que Deus pretendeu que desfrutássemos. E para cada Ladrão da Alegria (obras da carne, legalismo, complicar coisas simples, racionalização excessiva, ira, inveja e descontentamento) lhe mostrarei um Guarda da Alegria que, de forma prática, impedirá que o diabo roube sua paz.

Antes que eu aprendesse os princípios para manter minha alegria por intermédio da Palavra de Deus, os quais compartilharei com você, o diabo foi bem-sucedido em roubar minha alegria e impedir que eu desfrutasse a vida. Oro para que as verdades libertadoras deste livro não somente impeçam Satanás de roubá-lo, mas o levem a um novo nível de alegria que fará com que ele se torne o derrotado em seu lugar.

Sete coisas que roubam sua alegria

1
Duas escolhas: Obras ou graça?

Você tem somente uma vida para viver e tem o direito de desfrutá-la. Mas uma das principais coisas que o impedirão fazer isso são as obras da carne. As obras da carne são tentativas de realizar pela sua própria força as coisas que são tarefas de Deus.

Tentar fazer o que somente Deus pode fazer sempre nos leva à frustração. Confiar em Deus para que Ele faça o que somente Ele pode fazer nos leva à alegria, porque "os impossíveis dos homens são possíveis para Deus". (Lucas 18.27)

Jesus disse: "A minha graça (favor, benignidade e misericórdia) te basta [é suficiente contra qualquer perigo e o capacita a lidar com as adversidades corajosamente], porque o (meu) poder (e minha força) se aperfeiçoa (se torna pleno, completo e mostra-se mais efetivo) na [sua] fraqueza". (2 Coríntios 12.9)

Nós nos tornamos frustrados quando tentamos alcançar, por meio das *obras*, uma vida que Deus não somente criou, mas planejou que fosse recebida pela *graça*. A graça é o poder de Deus para satisfazer nossas necessidades e resolver nossos problemas.[1]

Eu vivia uma vida frustrada, complicada e sem alegria muitos anos atrás, antes de começar a buscar a Deus seriamente por causa do meu problema de falta de paz e de alegria. Quando eu tinha um problema ou necessidade, tentava ajudar a mim mesma e fazer as coisas do meu próprio jeito, o que nunca produziu qualquer resultado bom.

A Palavra de Deus e minha experiência pessoal têm me ensinado que a forma de evitar a frustração das obras carnais é pedir a ajuda de Deus.

DEIXE DEUS AJUDÁ-LO

Às vezes, nós nos tornamos culpados por tentar lidar com nossas circunstâncias, em vez de confiar em Deus para cuidar delas. Não é um sinal de fraqueza admitir que não podemos ajudar a nós mesmos; é simplesmente a verdade. Jesus disse: "Porque sem mim [sem uma união vital comigo] nada podeis fazer". (João 15.5)

Você pode estar frustrado, inquieto e sentindo-se infeliz simplesmente porque está tentando resolver algo a respeito do qual nada pode fazer. Você pode estar tentando mudar algo que somente Deus pode mudar. Talvez haja uma situação em sua vida que você não aprecie e esteja tentando se livrar dela. Se você é como a maioria das pessoas, se sentirá preocupado, aborrecido e ficará esgotado até perceber que somente Deus pode remover tais situações de sua vida.

Talvez haja algo que você deseje e esteja tentando duramente conseguir, contudo nada que tenha tentado funcionou, e isso o frustrou. Nesse caso, a única coisa que você pode fazer é voltar atrás e esperar em Deus. E, enquanto estiver esperando que Deus cuide da situação, eu o encorajo a desfrutar a espera.

Isso pode ser difícil porque exige paciência, mas trará maravilhosos dividendos no final. Esperar em Deus honra ao Senhor, e a Bíblia diz que a pessoa que honrar a Deus será honrada por Ele.[2]

DEIXE ISSO NAS MÃOS DE DEUS

Suponha que você sinta que não pode mais esperar por um casamento e decida encontrar o par perfeito, em vez de esperar que Deus o faça por você.

Seria um erro terrível tornar-se tão desesperado a ponto de simplesmente se envolver com alguém que não seja a pessoa certa para sua vida. Seria muito melhor esperar até que Deus traga um relacionamento planejado e abençoado por Ele.

Talvez você seja casado e pense: *Quero que meu cônjuge mude. Não agüento mais conviver com ele.* Você não pode mudar seu cônjuge; somente Deus pode fazê-lo. Mas Deus não Se moverá em sua vida enquanto você lutar e tentar fazer isso acontecer com suas próprias mãos. Ele Se move quando você confia nEle. Assim, sugiro que você ore, lance seus cuidados nas mãos do Senhor e tire suas próprias mãos dessa situação. Confie em Deus e siga em frente desfrutando a vida.

Pode não ser sua situação conjugal que você queira mudar, mas sente a necessidade de que seus filhos mudem, ou talvez precise de mais dinheiro ou de um emprego diferente.

Todos nós temos algo em nossa vida que gostaríamos de mudar para melhor. Desejar mudanças faz parte da vida.

Você sempre desejará que algo em sua vida seja diferente. Assim, se quiser desfrutar a vida, cedo ou tarde terá que aprender a desistir de tentar por si mesmo fazer as coisas acontecerem.

Várias vezes lutei enquanto tentava mudar meu marido, meus filhos, a mim mesma, contudo falhei todas as vezes. Provavelmente lutei mais tentando mudar a mim mesma do que a qualquer um ou qualquer outra coisa.

A verdade é que você não pode mudar a si mesmo. Somente pode dizer a Deus o que você deseja mudar, abrir sua vida a Ele cada dia por meio da oração e deixar o restante com Ele.

Peça-Lhe ajuda fazendo essa oração:

> *Pai, trabalha em mim e me transforma. Sei que não posso fazer isso com minhas próprias forças, e nem é meu papel fazê-lo. Mas desejo que Tu o faças, porque creio que somente Tu podes fazê-lo da forma certa.*

Em Marcos 9.23, Jesus diz que todas as coisas são possíveis àquele que *crê*, e não àquele que tem uma idéia brilhante ou um grande plano e tenta fazê-los funcionar.

Obras que não funcionam

A Palavra ensina que o povo de Deus cavava poços que não podiam conter água: "Porque dois males cometeu o meu povo: a mim me deixaram, o manancial de águas vivas, e cavaram cisternas, cisternas rotas, que não retêm as águas" (Jeremias 2.13). Sei o que é trabalhar duramente sem resultados. Passei muitos anos de minha vida cavando poços vazios como esses e posso lhe dizer: realmente nos desgasta.

Você pode estar cavando um poço vazio agora mesmo. Talvez esteja trabalhando em algo ou na vida de alguém. Você pode ter seu próprio projeto em andamento, pode estar seguindo seu próprio plano, tentando fazer as coisas acontecerem com sua própria força e habilidade. Se for assim, não irá funcionar se você deixou Deus fora de seu plano.

Muitas vezes fazemos um plano e, então, oramos para que funcione. Deus quer que, em primeiro lugar, oremos e Lhe peçamos que nos mostre Seu plano. Após ter o plano de Deus, Ele quer que confiemos nEle para fazer esse plano funcionar.

Nosso ativismo originado na carne realmente impede Deus de mostrar-se forte em nossa vida. A Bíblia descreve esse tipo de atividade como "obras da carne".[3] Eu a chamo de "obras que não funcionam". Esse não é o caminho para viver a vida plena que Deus nos preparou.

Duas formas de viver

Podemos viver como escravos da lei ou como herdeiros da promessa da graça. A passagem a seguir apresenta duas formas que você e eu podemos escolher viver:

> Pois está escrito que Abraão teve dois filhos, um da mulher escrava e outro da livre. Mas o da escrava nasceu segundo a carne; o da livre, mediante a promessa. Estas coisas são alegóricas; porque estas mulheres são duas alianças; uma, na verdade, se refere ao monte Sinai, que gera para escravidão; esta é Agar. (Gálatas 4.22-24)

Sabemos, ao estudar o livro de Gênesis dos capítulos 11 até 21, que Sara representa a outra aliança mencionada nesses versículos.[4] Ela era a mulher que deveria esperar a promessa de Deus e receber o filho nascido de forma sobrenatural.

Mais tarde, verificamos o momento em que Sara se cansou de esperar a promessa de Deus, tentou fazer as coisas acontecerem do seu jeito e terminou numa confusão. Mas Deus foi fiel em manter sua promessa, e ela descobriu que, *quando esperamos e confiamos em Deus*, Ele faz acontecer aquilo em que cremos, de acordo com a vontade dEle, não importa quanto tempo demore.

Podemos viver tentando tomar conta de nós mesmos, ou podemos viver confiando em Deus. Podemos tentar fazer as coisas acontecerem, ou podemos crer que Deus fará com que aconteçam. A escolha é nossa.

Se você quiser se livrar da pressão, escolha parar de tentar fazer tudo acontecer com suas próprias forças, em seu próprio tempo, do seu próprio jeito, de acordo com seu próprio plano. Em vez disso, abra sua vida para a ação de Deus e ore:

> *Pai, tudo aquilo que eu desejo em minha vida, se Tu não quiseres que eu tenha, não o quero também. Se Tu quiseres que eu tenha isso, eu Te peço que o dês a mim e creio que Tu o farás no Teu tempo, do Teu jeito, de acordo com o Teu divino plano.*

Adotei uma nova política em minha vida. Ela se chama a política do "Não interfira"! Oro todos os dias: *Pai, não farei nada sem que me mostres o que queres que eu faça.*

Creio que se você pedir a Deus esse tipo de orientação verá coisas maravilhosas acontecendo em sua vida.

Não funciona tentar mudar os outros

Como eu disse, durante muito tempo tentei mudar meu marido, mas isso realmente nunca aconteceu. O fato é que as coisas só pioraram, pois as pessoas se rebelam quando percebem que alguém está tentando mudá-las.

Todos querem ter a liberdade de ser quem são. Todos querem um pouco de espaço. Ninguém quer ter de enfrentar o julgamento e as críticas de alguém que esteja constantemente tentando reformulá-las.

Finalmente, Dave e eu fizemos um acordo de que pararíamos de tentar mudar um ao outro porque, de outra forma, nosso casamento fracassaria.

O fato é que Deus fez homem e mulher diferentes entre si, e assim fez com um propósito. Devemos ajudar a edificar um ao outro onde temos fragilidades, mas não fomos chamados para mudar as atitudes que nos fazem diferentes. Estamos na vida um do outro para nos encorajarmos mutuamente a nos tornarmos tudo o que Deus tem em mente que sejamos.

Se Deus tem lhe dado um cônjuge que parece muito diferente de você, provavelmente Ele o fez porque seu cônjuge tem algum dom, alguma habilidade ou algumas características que você não tem, *mas das quais necessita*. Juntos, vocês complementam suas forças e defendem um ao outro em suas áreas de fraqueza.[5]

"Mas meu cônjuge me deixa louco(a)!", você pode dizer.

Bem, você provavelmente o(a) deixa louco(a) também!

Muitos casais estão se divorciando hoje porque alegam não serem compatíveis. Mas a verdade é que, naturalmente falando, não há duas pessoas no mundo que sejam 100% compatíveis.

A Palavra diz: "Por isso, deixa o homem pai e mãe e se une à sua mulher, tornando-se os dois uma só carne" (Gênesis 2.24). Isso parece tão fácil quando o lemos na Bíblia. Realmente, deixar e unir-se não é geralmente difícil. A parte de *tornar-se uma só carne* é que é o problema.

Posso dizer que hoje Dave e eu nos tornamos uma só carne. Mas no começo não foi algo fácil. Eu estava sempre tentando mudá-lo, e ele estava tentando me mudar, e nós tínhamos todo tipo de problemas.

Dave era tranqüilo e não se preocupava com nada, para ele tudo estava bem. Eu, porém, sempre estava me preocupando com alguma coisa. Por exemplo, eu ficava na cozinha contando o dinheiro e verificando as contas, e geralmente havia mais contas do que dinheiro. Enquanto eu estava me preocupando, Dave estava na sala de estar brincando com as crianças. Isso me deixava furiosa porque eu queria que ele viesse à cozinha se preocupar juntamente comigo.

Eu lhe perguntava: "Por que você fica aí se divertindo enquanto eu estou com todo esse peso sobre mim"?

Ele respondia: "Você não tem que carregar qualquer peso, ninguém lhe disse para fazer isso. Nós dizimamos, nós ofertamos. Estamos fazendo o que Deus nos disse para fazer. Ele cuidará de nós. Não se preocupe. Venha se divertir conosco".

Ah, não, eu tinha de me preocupar. Tinha de tentar imaginar de onde viria o dinheiro para pagar todas aquelas contas. Eu dizia: "Bem, se Deus tiver que nos dar algo, por intermédio de *quem* Ele o fará, e *como* o fará e *quando* o fará?" Talvez você reconheça esses sintomas de preocupação em sua própria vida:

> "Por que, Deus, por quê?"
> "Quando, Deus, quando?"
> "Como, Deus, como?"
> "Quem, Deus, quem?"

Eu queria respostas, não queria confiar. Eu tinha de saber, tinha de ter um plano detalhado na minha frente para tudo porque realmente não sabia confiar em Deus.

Você confia ou nunca descansa?

A Bíblia ensina que aqueles que crêem em Deus entram no seu descanso. Essa é uma maneira de você dizer se realmente está na fé ou se está *tentando ter fé*. Quando você entra no reino da fé, entra no descanso de Deus: "Nós, porém, que cremos (confiamos, contamos com Deus), entramos no descanso". (Hebreus 4.3)

O descanso é a libertação da preocupação excessiva, do conflito, do medo, do tumulto interior, da inquietação e da frustração, que se desenvolvem porque tentamos fazer o que somente Deus pode fazer. Entrar no descanso de Deus não significa descansar fisicamente, mas descansar na confiança em meio a tudo o que acontece na vida. É um descanso da alma: a mente, a vontade e as emoções experimentam a paz.

Você pode descansar em Deus porque sabe que Ele vai cuidar de você e suprir sua necessidade. Você não sabe *quando* ou *como*, e isso realmente não importa porque você está desfrutando a vida à qual tem direito, enquanto Deus trabalha em seu problema.

Deus quer que vivamos dessa forma. Mas, para fazer isso, "Creia que ele existe e que se torna galardoador dos que (intensa e diligentemente) o buscam". (Hebreus 11.6)

Dave e eu somos diferentes um do outro, e, contudo, aprendemos a conviver um com o outro. Temos aprendido a respeitar nossas diferenças. Temos trabalhado juntos em muitos projetos que exigem a nossa confiança em Deus.

E quanto a você? De que forma quer viver? Você quer viver pela promessa de Deus ou pelo seu esforço?

Creio que Deus o fez ler esse livro para que você decida mudar sua vida. Se você está cansado, eu o encorajo a entrar no descanso de Deus. Desista de tentar controlar tudo e todos ao seu redor, e simplesmente permita que Deus faça por você o que somente Ele pode fazer. Não importa o que você esteja enfrentando, Deus quer ajudá-lo.

Após seu Filho Jesus ter morrido na cruz por nossos pecados, ressuscitar da sepultura e subir aos céus, Deus enviou o Espírito Santo para estar num relacionamento íntimo conosco. Se você convidou Jesus para entrar em seu coração,* o Espírito Santo é o seu ajudador, e Ele está esperando para confortá-lo e ajudá-lo.[6] Isso significa que você não tem mais de enfrentar seus problemas sozinho.

Tenho aprendido que, mesmo se eu criar um problema por falta de sabedoria ou por alguma desobediência carnal, não tenho de enfrentá-lo sozinha. Posso voltar para Deus e pedir perdão e ajuda, e Ele não me abandonará.

No capítulo seguinte, observaremos duas pessoas na Bíblia que descobriram por si mesmas que a obra da carne é um Ladrão da Alegria.

---

* Se você nunca convidou Jesus para morar em seu coração, mas gostaria de confessá-lo como seu Salvador, há uma oração no final deste livro que você pode fazer.

2
Ladrão da Alegria nº 1: Obras da carne

Os seguintes versículos começam a relatar a história de Abraão e Sara, cujas obras da carne prejudicaram sua promessa de alegria:

> Depois destes acontecimentos, veio a palavra do Senhor a Abrão, numa visão, e disse: Não temas, Abrão, eu sou o teu escudo, e teu galardão será sobremodo grande. Respondeu Abrão: Senhor Deus, que me haverás de dar, se continuo sem filhos e o herdeiro da minha casa é o damasceno (o mordomo) Eliézer?
>
> Disse mais Abrão: A mim não me concedeste descendência, e um servo nascido na minha casa será o meu herdeiro.
>
> A isto respondeu logo o Senhor, dizendo: Não será esse o teu herdeiro; mas aquele que será gerado de ti será o teu herdeiro.
>
> Então, conduziu-o até fora e disse: Olha para os céus e conta as estrelas, se é que o podes. E lhe disse: Será assim a tua posteridade.

Ele creu (confiou, apoiou-se, permaneceu crendo firmemente) no Senhor, e isso lhe foi imputado para justiça (posição correta com Deus). (Gênesis 15.1-6)

Essa é verdadeiramente uma história impressionante. Deus disse a Abraão: "Eu te abençoarei", e Abraão respondeu: "Senhor, que bênção o Senhor poderia me dar que eu possivelmente queira? Não tenho filhos, assim, não terei a quem deixar coisa alguma".

Nós ouvimos o clamor do coração de Abraão nesta passagem. Ele está dizendo: "Senhor, não me importo com nada que possa me dar, o que quero realmente é um filho. Por favor, dê-me um herdeiro!"

O que Abraão realmente queria era um filho. Para você pode ser qualquer outra coisa. Você pode estar dizendo: "Senhor, nada neste mundo me faz feliz se meu casamento não mudar. Por favor, dê-me um casamento feliz".

Passei um longo período em que não desejava nada de Deus. Realmente nada me importava se o meu ministério não crescesse, se eu não visse meu sonho realizado.

Realizei grandes *obras da carne* tentando fazer o meu ministério crescer, mas não importava o que eu fizesse, não importava quão duramente eu trabalhasse, ainda permanecia miseravelmente pequeno. Eu não queria algo pequeno; eu queria algo grandioso. Deus nos diz na Bíblia que não devemos desprezar os pequenos começos,[1] mas eu os desprezei. Às vezes, eu ficava tão frustrada que pensava: *Deus, ou o Senhor faz algo para o meu ministério crescer, ou deixe-me morrer!*

Você se sente chamado para o ministério? Se é assim, já experimentou alguma coisa parecida com o que experimentei? Você sente que Deus o colocou numa prateleira em algum lugar e se esqueceu de você? Você tem outros grandes sonhos e visões, entretanto nada ou pouco está acontecendo?

Deus queria me usar no ministério, mas antes que pudesse fazê-lo Ele teria de me transformar. Eu tinha o dom de ensino em minha vida, mas não tinha um caráter fortalecido ou o fruto do Espírito de forma permanente operando em mim.

O fruto do Espírito é descrito na Bíblia como amor, alegria, paz, paciência, bondade, benignidade, fidelidade, mansidão (humildade) e domínio próprio.[2]

Os dons para o ministério são *dados*,[3] mas o fruto é *desenvolvido*. Para produzir frutos, devemos passar por provações para testar nossa fé.

Paulo encorajou os crentes a se alegrarem no meio das tribulações dizendo:

> E não somente isto, [alegremo-nos agora!] mas também nos gloriamos (exultamos e triunfamos) nas próprias tribulações (e nos regozijamos em nossos sofrimentos), sabendo que a tribulação (pressão, aflição e dificuldades) produz perseverança (resoluta, e paciência); e a perseverança (firmeza), (desenvolve) experiência (maturidade de caráter, fé aprovada e integridade testada); e a experiência, esperança (o caráter deste tipo produz o hábito da esperança alegre e confiante na eterna salvação). (Romanos 5.3-4)

Deus havia colocado um dom em mim; e eu poderia pregar e ensinar muitos anos atrás exatamente como faço agora. Mas o Senhor não permitiu que eu ministrasse ao redor do mundo da forma que permite hoje, porque eu teria causado muitos danos. Eu não tinha maturidade de caráter, tampouco o fruto do seu Espírito.

Quando você está num programa de televisão exibido no mundo inteiro, como eu, as pessoas o reconhecem onde você for. Assim, tive de aprender a caminhar na prática daquilo que ensino, e não apenas falar a respeito, pois assim eu feriria muitas pessoas. Eu não poderia apenas dizer às pessoas o que a Palavra de Deus diz para fazer, mas precisava fazê-lo também. Eu precisava ser um exemplo. Deus teve de fazer uma grande obra *em mim* antes que pudesse fazer qualquer obra por *meu intermédio*. Ele teve de desenvolver em mim o fruto do Espírito, o qual é um caráter maduro.

Não tenho tempo nem espaço suficiente para lhe dizer todas as coisas que enfrentei tentando sair de onde comecei como uma jovem confusa, abusada, irada, amarga, ressentida e chegar ao que sou hoje. Posso lhe dizer que ao longo do caminho, provavelmente, chorei uma piscina cheia de lágrimas, mas valeu a pena.

Vale a pena ouvir o que ensino hoje não pelos sermões que prego ou pelos livros que escrevo, mas porque tive de viver na prática o que prego.

Neste livro, compartilho com você um pouco de minha vida. Aprendi por experiência própria que as *obras da carne não funcionam*. Eu não poderia fazer meu ministério crescer, e Deus não permitiu que ele crescesse até que eu dissesse sinceramente: "Senhor, eu gostaria que meu ministério crescesse, mas, se isso nunca acontecer, serei feliz Contigo".

Quando desejamos algo tão profundamente, de forma que não conseguimos ser felizes sem aquilo, esse não é mais um desejo normal ou inspirado por Deus. Isso se tornou obsessão. Se há algo na vida que é mais importante para nós do que Deus, Ele não nos dará isso.

Ladrão da Alegria nº 1: Obras da carne

"E SE EU NUNCA OBTIVER ISSO?"

Como veremos nos versículos a seguir, Deus estava testando a fé de Abraão quando lhe disse para sacrificar o seu amado filho Isaque (o herdeiro que Deus tinha lhe dado após muitos anos de espera):

> Depois dessas coisas, pôs Deus Abraão à prova e lhe disse: Abraão! Este lhe respondeu: Eis-me aqui!
>
> Acrescentou Deus: Toma teu filho, teu único filho, Isaque, a quem amas, e vai-te à terra de Moriá; oferece-o ali em holocausto, sobre um dos montes, que eu te mostrarei.
>
> Levantou-se, pois, Abraão de madrugada e, tendo preparado o seu jumento, tomou consigo dois dos seus servos e a Isaque, seu filho; rachou lenha para o holocausto e foi para o lugar que Deus lhe havia indicado. (Gênesis 22.1-3)

Creio que Deus estava testando também as prioridades de Abraão. Isaque, provavelmente, se tornara muito importante para Abraão, e assim Deus o testou para ver se ele desistiria de Isaque por Deus, numa atitude de fé e obediência.[4] Quando Deus viu o desejo de Abraão em obedecer, Ele proveu um carneiro para que Abraão o sacrificasse no lugar de Isaque.[5]

Lembre-se: todos nós enfrentamos provas. Assim como Abraão, essas provas são enviadas para testar, provar e desenvolver nossa fé.[6] Uma dessas provas que tive de enfrentar foi: "E se eu nunca tiver o ministério que sonhei por tanto tempo? E se eu nunca ministrar para mais do que cinquenta pessoas de uma vez? Poderei ainda amar a Deus e ser feliz"?

E quanto a você? Se você não obtiver a coisa pela qual está esperando que Deus lhe dê, você ainda o amará e será feliz?

Você tem de chegar ao ponto em que pode ser feliz sem ter o que quer, ou nunca o receberá.

Você pode querer se casar. E se você nunca se casar? Poderá ser feliz mesmo assim?

Você pode querer que certa pessoa de sua família seja transformada. E se essa pessoa nunca mudar? Você pode ser feliz mesmo assim?

Você pode querer ganhar mais dinheiro. E se você nunca tiver mais dinheiro do que tem agora? Você pode ser feliz mesmo assim?

Se você não obtiver aquilo que espera e crê, poderá ainda amar a Deus? Você ainda O servirá todos os dias de sua vida? Ou está apenas tentando obter algo dEle?

Uma linha muito fina divide as motivações do coração entre o egoísmo e a abnegação, e nós devemos sempre nos certificar em qual lado da linha estamos.

Deus quer que você tenha bênçãos abundantes, mas há algo que você tem de fazer para recebê-las: mantenha Deus em primeiro lugar em sua vida! Deus "o abençoará se você der a Ele o primeiro lugar em sua vida e viver como Ele quer que você viva" (Mateus 6.33 – TLB). Se você mantiver Deus em primeiro lugar em sua vida, Ele realmente não Se importará em lhe dar mais porque Ele o ama e quer abençoá-lo radicalmente. Ele tem prazer na prosperidade de seus filhos.[7]

Infelizmente, existem poucas pessoas que Deus pode abençoar de forma radical. Essas pessoas são aquelas que dão o primeiro lugar a Deus em sua vida. É difícil para alguns de nós fazer isso porque, uma vez que as bênçãos começam a chegar, subitamente todas as coisas se tornam mais importantes do que Deus. Eis por que temos de ser bastante cuidadosos nessa área.

"Por que Deus demora tanto?"

Eu realmente aprecio aquilo que Deus tem me permitido fazer em meu ministério, mas tento não deixar minha autoestima depender disso.

A razão é que se algum dia eu não for capaz de fazer o que faço hoje, ainda quero ter alegria. Quero desfrutar minha vida e quero ainda saber que sou uma pessoa de valor.

Quando Deus veio a Abraão e lhe disse que iria abençoá-lo, ele disse a Deus: "Está bem, mas o que realmente quero é um filho".

Deus lhe respondeu: "Eu lhe darei o que você pediu", mas Ele não o deu a Abraão imediatamente. A Palavra diz: "Abraão tinha 100 anos de idade quando Isaque nasceu" (Gênesis 21.5). Realmente, mais de vinte anos se passaram desde o momento em que Abraão recebeu a promessa de Deus de que ele teria um filho até que Isaque realmente nascesse. De fato, Abraão já era idoso quando Deus lhe deu pela primeira vez a promessa do filho.

Na época em que Abraão se tornaria pai de Isaque, sua esposa Sara já tinha passado pela menopausa. E ela ainda tinha um ventre estéril. Assim, Abraão e Sara não somente tinham um pedido de oração, mas precisavam de um milagre.

Não é interessante que, algumas vezes, quando você pede algo a Deus, parece que Ele demora tanto a responder e a sua situação fica tão difícil que a única coisa que possivelmente a resolverá será um milagre? Por que Deus faz isso? Para "mostrar-se forte para com aqueles cujo coração é totalmente dele" (2 Crônicas 16.9).

Quando Marta e Maria enviaram um recado a Jesus para vir e ministrar ao seu irmão Lázaro, que estava gravemente enfermo, por que Jesus aguardou ainda dois dias, até que Lázaro realmente morresse e fosse enterrado, antes que Ele chegasse e o ressuscitasse de entre os mortos?[8] É porque Jesus já sabia o que Ele iria fazer por Lázaro.

Se algo está morto, um sonho, um desejo, uma vontade, uma necessidade, não importa para Deus quanto isso esteja morto. Deus pode trazê-lo de volta à vida no seu tempo, porque nosso Deus é um Deus maravilhoso. Nada é difícil demais para Ele.[9] Eis por que Ele nunca tem pressa e por que parece que Ele freqüentemente espera até que nada mais funcione a não ser um milagre.

"O QUE POSSO FAZER PARA APRESSAR AS COISAS?"

Sara e Abraão se cansaram de esperar pelo seu filho prometido. Então, ela teve uma idéia "brilhante":

> Ora, Sarai, mulher de Abrão, não lhe dava filhos; tendo, porém, uma serva egípcia, por nome Agar, disse Sarai a Abrão: Eis que o Senhor me tem impedido de dar à luz filhos; toma, pois, a minha serva, e assim me edificarei com filhos por meio dela. E Abrão anuiu ao conselho de Sarai. (Gênesis 16.1-2)

Você viu o que aconteceu? Sara pensou que poderia traçar um plano para alcançar a promessa de Deus. Quase todos nós agimos assim quando temos de esperar por algo por longo tempo. Dizemos "Já sei o que posso fazer!" e tentamos apressar as coisas, como Sara. Mas terminamos apenas tornando nosso tempo de espera mais prolongado.

Ladrão da Alegria nº 1: Obras da carne

Compreendo que Sara desejava desesperadamente um filho e lhe pareceu que isso nunca iria acontecer. Os versículos seguintes mostram que ela fez algo que se tratava simplesmente de um plano tolo:

> Então, Sarai, mulher de Abrão, tomou a Agar, egípcia, sua serva, e deu-a por mulher a Abrão, seu marido, depois de ter ele habitado por dez anos na terra de Canaã. Ele a possuiu, e ela concebeu. Vendo ela que havia concebido, foi sua senhora por ela desprezada.
>
> Disse Sarai a Abrão: Seja sobre ti a afronta que se me faz a mim. Eu te dei a minha serva para a possuíres; ela, porém, vendo que concebeu, desprezou-me. Julgue o Senhor entre mim e ti. (Gênesis 16.3-5)

Agora, qualquer mulher que entregasse sua serva ao seu marido para que se tornasse sua segunda esposa deveria estar tão desesperada que simplesmente não estaria raciocinando direito.

Observe que Agar desenvolveu uma nova atitude. Antes de engravidar, ela era uma serva submissa, mas, logo que percebeu que estava esperando um filho de Abraão, pensou que tinha adquirido superioridade sobre Sara e começou a tratá-la com desprezo e desdém.

Oh, sim, essas pessoas eram exatamente como nós.

Foi aí que o problema começou. Quando Sara viu a mudança de atitude da serva, ela acusou Abraão. Tinha sido ela que começara toda a confusão e dado a Abraão a idéia, mas subitamente colocou toda a culpa nele porque estava tendo um problema com Agar.

Em Gênesis 16.6 lemos: "Respondeu Abrão a Sarai: A tua serva está nas tuas mãos, procede segundo melhor te parecer. Sarai humilhou-a, e ela fugiu de sua presença".

Abraão estava dizendo, em resumo: "Não tenho nada a ver com isso. Isso não é problema meu. Cuide do assunto".

Isso não é semelhante ao que aconteceu no Jardim do Éden quando Adão e Eva desobedeceram a Deus e comeram o fruto proibido?[10] Adão acusou Eva por tentá-lo a comer aquele fruto, e Eva acusou a serpente por tentá-la a comê-lo. Todos estavam passando a culpa para alguém, mas ninguém queria assumir a responsabilidade.

Não é isso que fazemos quando nos metemos em alguma confusão em nossa vida? Quando agimos pelas obras da carne e nos encontramos num grande problema e temos de lidar com isso, então procuramos alguém mais para culpá-lo. Geralmente, como Eva, dizemos: "É tudo culpa do diabo".

Antes que eu aprendesse a assumir a responsabilidade pelas conseqüências das minhas próprias atitudes, acusava o diabo por tudo que havia de errado em minha vida. Eu o repreendia até meu "repreendedor" ficar sem bateria. Mas o diabo, mesmo assim, não me deixava.

Eu estava constantemente dizendo: "Eu o repreendo, Satanás. Eu o repreendo. Fora, diabo! Eu o repreendo"!

Mas não importava quanto o acusasse e repreendesse, eu continuava com os mesmos problemas. Se isso descreve sua situação, a causa de seu problema pode ser um "Ismael".

Você está tomando conta de um Ismael?

Deus prometeu multiplicar Abraão e fazê-lo pai de muitas nações mesmo após o nascimento do bebê de Agar, que se chamou Ismael:

> Quando atingiu Abrão a idade de noventa e nove anos, apareceu-lhe o Senhor e disse-lhe: Eu sou o Deus Todo-Poderoso; anda na minha presença e sê perfeito.
>
> Farei uma aliança entre mim e ti e te multiplicarei extraordinariamente. Prostrou-se Abrão, rosto em terra, e Deus lhe falou: Quanto a mim, será contigo a minha aliança; serás pai de numerosas nações. Abrão já não será o teu nome, e sim Abraão; porque por pai de numerosas nações te constituí. (Gênesis 17.1-5)

Já haviam se passado mais de vinte anos desde que Deus prometera pela primeira vez um filho a Abraão e Sara. Durante esse tempo, Abraão e sua família estavam cuidando de Ismael, tentando criá-lo.

Ismael era um homem de guerra e estava envolvido em batalhas na maior parte de sua vida. Agar e Sara também brigavam, e Abraão se encontrava no meio do conflito. Creio que não foi um tempo agradável para ninguém. Embora não esteja registrado na Bíblia, é fácil imaginar como devia ser a vida na casa de Abraão naquela época.

Naquele tempo, Abraão e Sara estavam se perguntando sobre o filho que Deus prometera. Estou certa de que eles não podiam compreender por que levava tanto tempo para Deus cumprir sua promessa.

Penso que eles não teriam de esperar vinte e cinco anos se não tivessem Ismael. Se não tivessem se tornado tão impacientes e feito o plano, o qual resultou no nascimento de Ismael, penso que o nascimento de Isaque teria ocorrido muito antes.

Como fizeram Abraão e Sara, uma vez que damos ocasião para que Ismael nasça, teremos de passar muitos anos cuidando dele. Uma vez que complicamos nossa vida, leva tempo para ajeitar as coisas.

Você já criou uma confusão que exigiu mais tempo para você sair dela do que levou para entrar? Você já fez algo em sua vida que desejaria nunca ter feito? A maioria de nós já o fez, e as conseqüências seguem tais ações. Se você está lidando com as conseqüências de um Ismael, isso não significa que Deus não o abençoará, mas as conseqüências podem retardar o recebimento do melhor de Deus para sua vida.

A RISADA DA FÉ OU DA DÚVIDA?

Deus fez Sara a *mãe de nações*, assim como fez Abraão o *pai de muitas nações*:

> Disse também Deus a Abraão: A Sarai, tua mulher, já não lhe chamarás Sarai, porém Sara [princesa]. Abençoá-la-ei e dela te darei um filho; sim, eu a abençoarei, e ela se tornará nações; reis de povos procederão dela. Então, se prostrou Abraão, rosto em terra, e se riu... (Gênesis 17.15-17)

Nessa época, Sara já era uma mulher idosa, enrugada e, provavelmente, parecia-se com tudo, menos com uma princesa. Contudo, Deus disse a Abraão: "De agora em diante, quero que você chame sua esposa de princesa".

Creio que isso ajudou Sara a ver-se como Deus a via e tornou mais fácil para ela liberar sua fé para receber o milagre de Deus.

Quando Deus disse a Abraão que ele teria um filho de Sara em idade avançada, Abraão riu. Mas essa não era uma risada da dúvida, e, sim, da fé.[11]

Ladrão da Alegria n° 1: Obras da carne

Mais tarde, em Gênesis capítulo 18, o Senhor disse a Abraão que no ano seguinte Sara estaria carregando um filho. A fé de Sara, provavelmente, foi afetada pela longa demora, e quando ela ouviu Deus dar a promessa a Abraão ela também riu. Mas sua risada não era de fé, era de dúvida.[12] A fé de Sara precisava ser encorajada e edificada.

Creio que quando aprendemos a viver sob a aliança da promessa, como Abraão o fez, podemos também rir a risada da fé. O ponto de partida é que, se você quer risos e alegria em sua vida, deve parar de viver pelas obras da carne e começar a viver pelas promessas de Deus. Pare de tentar fazer as coisas acontecerem pela sua própria força. Diga a Deus o que você quer, creia no Ele diz em sua Palavra e deixe-O fazer as coisas acontecerem.

Como você pode saber quando está agindo pelas obras da carne?

Assim que você começa a lutar e tentar fazer as coisas acontecerem e então se torna frustrado porque não acontecem, você está agindo pelas obras da carne.

Por exemplo, você pode dizer: "Pedi uma promoção no trabalho e não obtive. Repreendi Satanás e estou irado com a pessoa que foi promovida porque essa pessoa não o merece, e, sim, eu".

Essa atitude pode ser a razão pela qual você não tenha recebido a promoção. Muitas vezes, nossas atitudes diante das nossas circunstâncias podem nos impedir de ter as bênçãos que Deus quer nos dar.

Deus está muito mais interessado em mudar nossas atitudes do que em nos dar uma promoção. O Salmo 75.6-7 nos diz que a verdadeira promoção vem de Deus. Chegar ao ponto de se sentir feliz por ver outras pessoas serem abençoadas o levará às bênçãos de Deus para sua própria vida.

A RISADA DA FÉ

Abraão sabia que era velho e conhecia a esterilidade de Sara, entretanto ele creu em Deus mesmo assim:

> Abraão, esperando contra a esperança (mesmo vendo a esperança humana se desvanecer), creu, para vir a ser pai de muitas [incontáveis] nações, segundo lhe fora dito: Assim será a tua descendência. E, sem enfraquecer na fé, embora levasse em conta (a completa impotência de) o seu próprio corpo amortecido, sendo já de cem anos, e (ao considerar o ventre estéril e) a idade avançada de Sara, não duvidou (não questionou), por incredulidade, da promessa de Deus; mas, pela fé, se fortaleceu, dando glória (e louvor) a Deus. (Romanos 4.18-20)

Quando Abraão ouviu a promessa de Deus, ele riu. Ele ficou alegre por perceber que Deus faria algo que era impossível:

> Visitou o Senhor a Sara, como lhe dissera, e o Senhor cumpriu o que lhe havia prometido. Sara concebeu e deu à luz um filho a Abraão na sua velhice, no tempo determinado, de que Deus lhe falara. Ao filho que lhe nasceu, que Sara lhe dera à luz, pôs Abraão o nome de Isaque [riso]. (Gênesis 21.1-3)

Isaque trouxe riso para seus pais porque ele era o cumprimento de uma obra de Deus.
Posso entender isso. Sem a ajuda de Deus, seria impossível que eu estivesse à frente de tantas pessoas e lhes ministrasse a Palavra de Deus. É um milagre porque sei de onde vim e a grande confusão em que eu vivia quando Deus falou ao meu coração

muitos anos atrás sobre ter este ministério. Isso me fez rir. Passei muitos anos carrancuda e me entristecendo o tempo inteiro por causa das obras da carne. Agora tenho um grande sorriso em meu rosto a maior parte do tempo.

Obras que não funcionam roubarão sua alegria. A promessa de Deus fará você rir. Tentar apressar as coisas para obter o que Deus lhe prometeu é uma obra da carne, e esse Ladrão da Alegria o deixará frustrado e infrutífero. A decisão é sua. O que você escolherá?

No próximo capítulo, eu lhe mostrarei como você pode combater uma obra da carne ao ser dirigido pelo Espírito.

3

Guarda da Alegria nº 1: Seja dirigido pelo Espírito

Uma das formas mais dinâmicas para manter nossa alegria é permitir que o Espírito Santo nos dirija na forma que devemos agir. Se orarmos em primeiro lugar e buscarmos os planos de Deus, Ele nunca nos levará a uma obra da carne. Pelo contrário, seu Espírito Santo nos conduzirá, guiará e gentilmente nos levará a um lugar de alegria. Ele nunca nos manipula ou controla.

Se estamos tão consumidos pelo nosso próprio plano, tão obcecados pela forma que pensamos que as coisas devem ser, nem mesmo ouviremos Deus falar conosco, nem reconheceremos que as orientações que sentimos vêm dEle. Se estivermos tão determinados a seguir nossas próprias regras ritualistas, poderemos perder a direção gentil do Espírito Santo e a alegria que Deus pretende que tenhamos. (Veja 2 Coríntios 3.17).

Deus tem um plano individual para cada dia de nossa vida. Ele cuida de nós, e seu plano para nossa vida é bom.

Creio que é sábio planejarmos as coisas, pois as pessoas que não têm qualquer tipo de plano nunca fazem nada. Não funciona ser vago e disperso. Não seria sábio se eu comparecesse diante de uma platéia nas minhas conferências sem qualquer plano, ou me apresentasse e dissesse: "Apenas seguirei a direção do Espírito". Tenho de pensar naquilo que vou dizer, porque ninguém quer se levantar para falar sem ter nada a dizer!

Seria tolo se eu me apresentasse em minhas conferências sem preparar uma mensagem ou estudar a Palavra. Por outro lado, se estou visitando algum lugar e sou convidada a compartilhar algo de forma inesperada, então posso confiar na direção de Deus para me usar e falar algo relevante para aquela situação.

Em ambas as situações, com ou sem planos, tenho aprendido a dizer: "Agora Deus, o que *o Senhor* quer que eu diga? O que o Senhor quer que eu faça?"

BUSCANDO O CAMINHO DE DEUS

A alegria vem quando buscamos o caminho de Deus, e não o nosso próprio caminho. É muito importante aprender a obedecer a Deus e seguir o caminho que Ele nos mostra. Se Deus disser para irmos para a direita ou para a esquerda, precisamos ser treinados o suficiente para deixarmos nossos próprios planos de lado logo que sentirmos a direção de Deus.

Deus o guiará mesmo se você tiver planejado algo, porém esteja disposto a colocar seu plano de lado, caso Ele o oriente de alguma outra forma.

Há uma linha de equilíbrio muito estreita entre fazer seu próprio plano funcionar e confiar em Deus para guiá-lo por meio do plano dEle, que é *perfeito*. No minuto em que você sente que não há graça (nenhum poder) operando por intermédio do seu próprio plano, você deve buscar a direção de Deus.

O Senhor revelou, por intermédio do profeta Zacarias, que Ele trabalharia na vida do seu povo ao dizer: "Não por força nem por poder, mas pelo meu Espírito [de quem o azeite é um símbolo], diz o Senhor dos Exércitos". Deus prometeu que "colocaria a pedra de remate [do novo templo], em meio a aclamações: Haja graça e graça para ela!" (Zacarias 4.6-7)

A graça é a habilidade do Espírito Santo para fazermos algo que de uma outra forma seria difícil ou mesmo impossível fazermos sem a ajuda dEle. Se tentarmos fazer algo sem a graça, será difícil, laborioso e muito frustrante.

Muitas pessoas que são chamadas a fazer as coisas não sabem como obter a graça de Deus e, portanto, lutam a vida inteira tentando fazer algo que Deus se deliciaria em tornar fácil para elas se simplesmente buscassem sua graça.

Temos de aprender como ser sensíveis à unção de Deus. Por exemplo, planejamos cantar certas músicas em nossas conferências, mas, se sentirmos que não há unção para cantarmos aquilo, nosso líder de adoração nos dirige às músicas que são relevantes ao que Deus está fazendo naquele momento em particular. Ele faz um excelente trabalho em seguir a direção de Deus. Se ele não deixasse de lado seu plano, não seria capaz de introduzir as pessoas à presença de Deus. Para caminhar na presença do Senhor, devemos dar ao Espírito Santo a condução de tudo.

Quando estudo a Palavra para preparar uma mensagem, é maravilhoso como Deus me ajuda a escolher a mensagem certa para cada reunião. Enquanto estudo, posso preparar cinco mensagens para os seminários, mas não sei exatamente qual devo pregar na quinta à noite, na sexta de manhã ou na sexta à noite. Não estipulo as mensagens de cada reunião, mas tenho aprendido a esperar em Deus para me dirigir conforme seu plano. Tenho aprendido a discernir se uma mensagem é adequada para as pessoas que vieram a uma reunião específica. Mesmo se aquilo não for apropriado naquela noite, pode ser a mensagem perfeita para a manhã seguinte.

Algumas vezes, quando estudo a mensagem que planejo para a reunião de abertura, posso sentir que não é adequada para o momento e, assim, prego outra coisa. Porém, posso sentir a direção de compartilhar essa mensagem no dia seguinte.

Temos aprendido que não é a coisa que fazemos que é tão importante, e, sim, se Deus a ungiu ou não. E não é que certas mensagens e músicas não sejam ungidas, mas não são parte do plano de Deus para aquele momento em particular.

Nossa obediência ao plano de Deus levará as pessoas à presença dEle. Precisamos compreender que quando Deus unge as coisas que fazemos encontraremos alegria por intermédio do Espírito Santo.

Em outra ocasião, durante uma reunião, comecei a ler o Salmo 91 e, inesperadamente, preguei toda a mensagem baseada naquele capítulo. Isso ocorreu há vários anos, mas até hoje as pessoas ainda pedem aquele vídeo, porque Deus escolheu ungir a mensagem para aquele momento.

Estruturar demais um plano também pode impedir o mover de Deus. Por exemplo, se restringirmos o tempo que permitiremos para cada parte de uma conferência, podemos obter uma reunião morta e seca. Precisamos saber como dar espaço ao Espírito Santo.

Deus poderia nos dar um plano antes da reunião e ungi-lo, mas Ele nem sempre faz isso. Algumas vezes, penso que Deus, propositadamente, oculta seu plano apenas para nos manter "caminhando sobre as águas". Quando não estamos tão preparados, somos mais dependentes dele. Dessa forma, permanecemos firmados nele, em vez de nos basearmos em nossos próprios planos.

Muitas das minhas experiências no ministério são exemplos da forma como Deus nos dirige nos negócios e tarefas que nos chama a fazer. Quando Deus nos diz para fazermos algo, Ele pretende que nos disponhamos, e não que façamos "um plano". Após nos dispormos, Deus nos dá o *Seu* plano. Mas você sabe como Ele nos dá esse plano? Um passo de cada vez. Queremos todo o projeto detalhado para os próximos vinte anos diante de nós antes que comecemos a nos levantar e fazer algo. Mas Deus não trabalha dessa forma, e nunca encontraremos alegria se pensarmos que temos de saber tudo antes de darmos o primeiro passo na direção que Ele está nos levando.

Não estou dizendo que Deus nunca apresentará todo o projeto diante de nós, pois algumas vezes Ele o faz. Mas tudo o que fizermos *com* Deus, *para* Deus e *por intermédio de* Deus tem de ser feito pela fé, ou não terá qualquer valor.

A Bíblia diz que não podemos agradar a Deus sem fé. Deus quer impactar nossa vida, mas precisamos deixar nossos próprios caminhos para permitir que Ele o faça. E isso não deve ser feito apenas uma vez; pois seguir a Deus precisa ser um estilo de vida, algo contínuo.

"O coração (mente) do homem traça o seu caminho, mas o Senhor lhe dirige os passos (e os confirma)" (Provérbios 16.9). Deus pode nos levar a fazer algo da mesma forma por vinte anos, mas então, subitamente, encerra esse método de trabalho por nosso intermédio.

Por causa do hábito, podemos continuar a carregar todo tipo de ossos secos por aí porque não queremos deixar algo que Deus já não planeja mais para nós. Precisamos compreender que Deus pode querer que façamos outra coisa.

Deseje mudanças

Deus pode levá-lo a fazer algo com certo grupo de pessoas toda quarta-feira de manhã por cinco anos. Você pode apreciar isso e acreditar que é maravilhoso, mas então, subitamente, aquilo parece infrutífero e sem vida, e você se pergunta o que está errado. Você continua fazendo, mas parou de desfrutar a situação. Se você não for cuidadoso, começará a se tornar crítico.

Uma das coisas mais difíceis na vida, provavelmente, é sair de algo que temos feito por um longo tempo. Não me refiro apenas a programas da igreja, mas, quando crescemos acostumados a fazer as coisas de certa forma, pode ser difícil deixar o Senhor nos levar a uma forma nova e melhor.

Em várias áreas, não gosto de fazer a mesma coisa por muito tempo. Por exemplo, tenho vários pijamas porque não gosto de olhar para os mesmos pijamas o tempo todo. Mas em certas áreas não sou assim: provavelmente serei muito feliz de usar o mesmo penteado até Jesus voltar!

Se fizermos a mesma coisa da mesma forma por muito tempo, isso pode se tornar velho e ultrapassado e perderá o sentido. Mas uma das coisas que aprendi sobre o Espírito Santo é que, se nós O seguirmos, Ele manterá todas as coisas renovadas. A vida não fica monótona quando seguimos ao Senhor.

O Espírito Santo nos leva a mudanças com o propósito de nos fazer prestar atenção nEle. Deus pode levá-lo simplesmente a tomar um caminho diferente de sua casa para o trabalho. Ele pode querer mostrar-lhe uma nova árvore ou algo bonito em seu caminho para casa.

Não permaneça fazendo as coisas do mesmo jeito se você não sente mais alegria quando as faz. Você perderá sua alegria se não desejar sair do barco. Se já perdeu sua alegria, Deus pode estar lidando com você para fazer algumas mudanças.

Você pode estar pensando: *Mas, ao andar sobre as águas, e se eu afundar?*

Creio que Deus o levou a ler este livro para encorajá-lo a dar um passo de fé e apenas fazer o que Ele está lhe dizendo. Ele quer restaurar sua alegria.

A Palavra diz: "O coração pode fazer planos (os planos da mente e de pensamentos ordenados pertencem ao homem), mas a resposta certa (sábia) dos lábios vem do Senhor" (Provérbios 16.1). Algumas vezes, as maiores confusões são causadas por nosso excesso de planejamento daquilo que vamos fazer ou dizer às pessoas.

Não se torne tão fixado em seu plano que Deus não possa falar a você ou por intermédio de você.

Um versículo interessante das Escrituras diz: "Eu sei, ó Senhor, que não cabe ao homem determinar o seu caminho, nem ao que caminha [por mais forte e melhor que seja] dirigir os seus passos" (Jeremias 10.23). Em outras palavras, não somos espertos o suficiente para cuidar de nós mesmos.

Descanse sua mente

Você pensa muito? Sua mente se agita o tempo todo com preocupações sobre você estar ou não fazendo tudo certo? A

Palavra diz: "Muitos propósitos há no coração do homem, mas o desígnio do Senhor permanecerá". (Provérbios 19.21)

Algumas pessoas podem não pensar o suficiente, mas, por outro lado, Deus não quer que nossa mente seja cheia de planos baseados em obras da carne que não são parte do seu plano. Ele quer que busquemos sua face e encontremos seu propósito para nossa vida.

O meu cérebro costumava ser como uma avenida movimentada até que aprendi a parar de tentar raciocinar sobre tudo de forma antecipada. Eu queria estar no controle e fazer tudo o que sabia, mas aprendi que não estaremos realmente caminhando com Deus a menos que confiemos nEle para nos levar a cada passo do caminho.

A Palavra diz: "De fato, sem fé é impossível agradar (e satisfazer) a Deus" (Hebreus 11.6). Temos de confiar em Deus. Confiar em Deus Lhe agrada. Confiar em Deus requer perguntas não respondidas. Se soubermos tudo, não há necessidade de confiar em Deus.

Sei o que planejei fazer hoje e creio que sei de uma forma geral o que estarei fazendo o resto deste ano, mas qual de nós pode realmente dizer, com certeza absoluta, que sabemos como nossa vida será?

Tiago enfatizou a importância de ser dirigido pelo Espírito quando escreveu:

> Atendei, agora, vós que dizeis: Hoje ou amanhã, iremos para a cidade tal, e lá passaremos um ano, e negociaremos, e teremos lucros. Vós não sabeis (nada do) o que sucederá amanhã. Que é a vossa vida? Sois, apenas, como neblina que aparece por instante e logo se dissipa. Em vez disso, devíeis dizer: Se o Senhor quiser, não só viveremos, como também faremos isto ou aquilo. (Tiago 4.13-15)

É TUDO UMA QUESTÃO DE EQUILÍBRIO

Precisamos ser equilibrados quando planejamos algo, mas creio que algumas pessoas precisam ser libertas do planejamento excessivo. A Bíblia diz: "Sede sóbrios (temperantes, moderados) e vigilantes (cautelosos em todos os momentos). O diabo, vosso adversário, anda em derredor, como leão que ruge [com fome feroz] procurando alguém para (atacar e) devorar" (1 Pedro 5.8). Como disse antes, é bom ter um plano, mas, se o plano se torna uma obra da carne, isso roubará a sua alegria.

Uma das formas como posso avaliar se estou planejando excessivamente é se esse plano começa a se tornar um peso para mim. Se começo a me desgastar pensando nisso, percebo que preciso abrir minha mente para aprender algo novo que Deus quer que eu saiba. Quando Ele nos conduz, somos renovados todo o tempo. Isso significa equilíbrio.

Mesmo no ministério, não temos de estar lutando o tempo todo. Deus nos quer desfrutando o que fazemos. Jesus morreu para que tivéssemos vida abundante, uma vida plena, com alegria. Ele não morreu simplesmente para que trabalhássemos duro o tempo todo. Creio que há uma forma para fazer o que Deus nos chama a fazer e, contudo, ter alegria radical e extrema ao fazê-lo. Deus disse: "Eu é que sei que pensamentos tenho a vosso respeito, diz o Senhor; pensamentos de paz (e bem estar) e não de mal, para vos dar o fim que desejais (esperança pelo seu futuro)". (Jeremias 29.11)

A Palavra também fala do plano de Deus para o mundo:

> Desvendando-nos o mistério (segredo) da sua vontade (de seu plano, seu propósito), segundo o seu beneplácito (conforme sua intenção misericordiosa) que propusera

em Cristo, (Ele planejou) de fazer convergir nele, na dispensação da plenitude dos tempos, todas as coisas, tanto as do céu, como as da terra. (Efésios 1.9-10)

Deus tem um plano coletivo para o corpo de Cristo, mas certamente tem um plano diário para cada crente. Assim como Deus tem um plano para cada um de nós, Ele também tem um plano para cada reunião que é feita no nome dEle.

Deus não quer que simplesmente cantemos alguns cânticos quando estamos juntos, mas que O louvemos e O adoremos. Durante esse tempo de louvor e adoração, Ele quer ministrar às necessidades das pessoas e quebrar o jugo da escravidão sobre elas. Deus quer que as pessoas sejam livres da opressão de Satanás e saiam das portas do inferno.

É inútil seguir obras mortas em vez do plano vivo de Deus. Ele não unge a tradição; Deus unge aqueles que vivem num relacionamento íntimo com Ele. Se você cooperar com o Espírito Santo, ninguém pode impedir Deus de fazer por intermédio de você o que Ele deseja. Deus fará o plano dEle operar. Se você tem um chamado em sua vida, não precisa se preocupar se vai conseguir ou não fazer o que Deus o chamou para fazer.

Anos atrás, quando eu não compreendia o que ensino hoje, eu era obstinada, teimosa e precipitada. Eu tinha o chamado em minha vida e sentia profundamente em meu espírito o que Deus queria que eu fizesse. Eu podia sentir o que Deus queria, mas não tinha a mínima idéia de como realmente poderia me mover e comecei a traçar um plano.

Mas Deus disse: "Joyce, você pensa que é muito esperta, pensa que sabe tudo. Você tem um plano medíocre e pensa que sabe exatamente o que vou fazer e como vou fazer. Mas deixa-me dizer algo: você não sabe metade do que pensa que sabe".

Deus trouxe este versículo à minha memória: "Reconhece-o (conhece-o) em todos os teus caminhos, e ele endireitará (direcionará e aplainará) as tuas veredas. Não sejas sábio aos teus próprios olhos; (reverentemente adora e) teme ao Senhor e aparta-te [inteiramente] do mal". (Provérbios 3. 6-7)

É muito fácil começar a fazer um plano em vez de esperar que Deus nos mostre o plano *dEle*. Assim, fazemos do nosso plano uma regra, sem mesmo reconhecer Deus em meio a isso. Mas o Provérbio diz para reconhecer a Deus em *todos nossos caminhos*, e isso inclui *todos os nossos planos*.

Reconhecer a Deus leva tempo. *Reconhecer* significa "identificar os direitos, autoridade, posição; manifestar o conhecimento de ou concordância com; expressar gratidão; revelar obrigação por; tomar conhecimento de; atentar para recepção de algo; atestar como genuíno ou válido".[1]

Para reconhecer a Deus, devemos diminuir a velocidade o suficiente para orar. Devemos pedir-Lhe: "Deus, o que o Senhor pensa disso? Qual é a sua opinião a respeito disso?" Então devemos esperar que Ele nos dê sua resposta.

Se esperarmos nEle, a unção virá para fazer o plano dEle acontecer. Ele nos dirigirá pelo caminho que devemos seguir. Se você apresentar seu plano diante do Senhor, deve estar pronto para deixar com que Ele mude algo a qualquer momento. Se você o fizer, seu caminho sempre será direito e próspero.

Reconheça a Deus

Tenho certo lugar em minha casa em que gosto de orar toda manhã. Esse é o primeiro lugar para onde vou, e é fundamental para mim que eu passe tempo com Deus. Mas mesmo a oração pode se tornar uma obra da carne se orarmos apenas por hábito, em vez de buscarmos honestamente e direção de Deus.

Perderemos um relacionamento íntimo com Deus se fizermos da oração uma obra da carne, dizendo: "Bem, orarei por 15 minutos, lerei a Bíblia por 20 minutos, e então orarei no Espírito por 15 minutos,[2] e depois confessarei a Palavra por 10 minutos, e, então, terei cumprido minha tarefa".

Sabemos que somos dirigidos pelo Espírito quando *queremos* orar, *queremos* estudar a Palavra, *queremos* receber a disciplina de Deus. A verdadeira alegria é encontrada quando podemos sentir o toque de Deus em nossos planos. A Palavra diz: "Dar-lhes-ei um só coração [um novo coração], espírito novo porei dentro deles; tirarei da sua carne o coração de pedra [(terrivelmente endurecido) e lhes darei coração de carne [*sensível e responsivo ao toque do seu Deus*]" (Ezequiel 11. 19, grifo da autora)].

Ser dirigido pelo Espírito Santo é um Guarda da Alegria que significa que você viverá uma vida justa, livre das obras infrutíferas da carne. Não permita que o Ladrão da Alegria o roube fazendo-o desgastar-se. Deixe o plano ungido de Deus realizar-se em sua vida por confiar nEle.

No próximo capítulo, mostrarei a você que seguir uma série de regras num esforço de manter uma posição correta diante Deus é um Ladrão da Alegria. E, uma vez que você aprenda o próximo Guarda da Alegria, você não terá de manter lembretes em toda a sua casa dizendo: "Não fofocarei. Não criticarei. Não acusarei. Não murmurarei". Deus escreverá suas leis em seu coração, e você não precisará de lembretes para conservar sua alegria.

4
Ladrão da Alegria nº 2: Legalismo religioso

O Senhor diz:

> Dar-vos-ei coração novo e porei dentro de vós espírito novo; tirarei de vós o coração de pedra e vos darei coração de carne. Porei dentro de vós o meu Espírito *e farei que andeis nos meus estatutos, guardeis os meus juízos e os observeis.* (Ezequiel 36.26-27, grifo da autora)

Se você passar tempo conhecendo a Deus e buscando o plano dEle para sua vida, Ele o levará, pelo Espírito Santo, a caminhar em obediência à Sua lei e o conduzirá à alegria. Mas essa alegria será roubada se você se apoiar em uma série de regras para sentir-se justo aos olhos de Deus.

Mesmo o discípulo Pedro lutou para compreender que fomos tornados justos diante de Deus apenas por meio da fé, e não ao seguir regras legalistas da religião. Pedro relacionava-se livremente com os gentios, mas, então, se separou deles quando homens religiosos de Jerusalém chegaram e começaram a pregar que os gentios deviam ser circuncidados. Paulo confrontou Pedro com relação à sua hipocrisia e escreveu sobre isso em sua carta aos crentes em Gálatas:

> Quando, porém, vi que não procediam corretamente segundo a verdade do evangelho, disse a Cefas (Pedro), na presença de todos: se, sendo tu judeu, vives como gentio e não como judeu, por que obrigas os gentios a viverem como judeus [cumprindo os rituais do judaísmo]? Nós (você e eu), judeus por natureza e não pecadores (pagãos) dentre os gentios, sabendo, contudo, que o homem não é justificado por obras da lei, e sim (somente) mediante a fé (absoluta confiança, dependência e devoção) em Cristo Jesus (o Messias, o Ungido), também temos crido em Cristo Jesus, para que fôssemos justificados pela fé em Cristo e não por obras da lei, pois, por obras da lei (pela observância do ritual da lei recebido por Moisés), ninguém será justificado. (Gálatas 2.14-16)

Pessoas legalistas, como os fariseus dos dias de Jesus, se apóiam em suas próprias obras em vez de na obra de Cristo. Elas não têm alegria e não podem suportar se alguém está alegre por perto. São pessoas religiosas e secas que não podem tolerar qualquer felicidade.

De fato, pessoas legalistas pensam que é pecado ser alegre. Elas acreditam que é errado rir na igreja. Para elas, é certo nos reunimos e chorarmos, mas não nos divertirmos.

Anos atrás, eu me apoiava na escravidão legalista das minhas obras em vez da obra de Jesus, e essa escravidão me impedia de enxergar além de mim mesma. Eu estava sempre examinando minha vida, seja me condenando ou me aprovando, baseada nas minhas realizações. Parecia que não poderia fazer nada sem me sentir culpada. Se tivesse alguma alegria, me sentia culpada. Se orasse, me sentia culpada por não ter orado o suficiente. Se não estivesse trabalhando o tempo todo, me sentia culpada. Eu me sentia culpada cada vez que não estava operando perfeitamente no fruto do Espírito.

Pessoas legalistas prendem-se em leis irrealistas e religiosas de suas próprias realizações. É possível criar uma lei a respeito de tudo, mesmo com relação às coisas boas, tais como ler a Bíblia e orar. A disciplina nessas áreas é boa para nós, mas expectativas legalistas devem ser evitadas. Devemos *desfrutar* a presença de Deus, em vez de apenas passar nossa vida lutando para sermos bons o bastante para ganhar a aprovação dEle.

Os fariseus apoiavam-se no legalismo; eles removiam a alegria de tudo, como vimos na seguinte história em que Jesus curou um homem cego de nascença:

> Caminhando Jesus, viu um homem cego de nascença. E os seus discípulos perguntaram: Mestre, quem pecou, este ou seus pais, para que nascesse cego? Respondeu Jesus: Nem ele pecou, nem seus pais; mas foi para que se manifestem nele as obras de Deus. É necessário que façamos as obras daquele que me enviou, enquanto é dia; a noite vem, quando ninguém pode trabalhar. Enquanto estou no mundo, sou a luz do mundo. Dito isso, cuspiu na terra e, tendo feito lodo com a saliva, aplicou-o aos olhos do cego, dizendo-lhe: Vai, lava-te no tanque de Siloé (que quer dizer Enviado). Ele foi, lavou-se e voltou vendo. (João 9.1-7)

Esse era um método incomum para curar a cegueira! Alguns pensam que é estranho impor as mãos nas pessoas e orar por elas para serem curadas ou receberem a plenitude do Espírito Santo.[1]

O que pensariam da saliva e lodo como meio de ministrar a alguém, como Jesus fez nesse versículo?

Mas você vê como isso foi simples? O homem cego fez o que Jesus lhe disse para fazer, embora suas instruções parecessem estranhas. O homem, provavelmente, pensou: *Qual é o proveito em ter esse lodo em meus olhos e lavá-los naquele tanque de águas sujas?* A verdade é que o homem voltou enxergando quando ele obedeceu.

Obedecer às instruções pessoais do Senhor é o ponto de partida para milagres em muitos exemplos da Bíblia. Por exemplo, em João capítulo 2, alguns servos, num casamento, obedeceram ao Senhor e, de forma sobrenatural, receberam mais vinho para servir aos convidados. A mãe de Jesus tinha lhes dito: "Fazei tudo o que ele vos disser" (v. 5). Assim eles encheram algumas talhas com água, como Jesus disse, e Ele realizou seu primeiro milagre ao transformar água em vinho.

Creio que se você e eu fizermos o que Deus fala aos nossos corações e em sua Palavra também receberemos um milagre maravilhoso em nossas circunstâncias.

O LEGALISMO CAUSA PROBLEMAS

Ser dirigido somente por regras da religião pode impedir as pessoas de viverem os milagres que Deus está realizando todo dia, como os fariseus que permaneceram cegos diante da misericórdia de Deus demonstrada nesta história:

> Então, os vizinhos e os que dantes o conheciam de vista, como mendigo, perguntavam: Não é este o que estava assentado pedindo esmolas? Uns diziam: É ele. Outros: Não, mas se parece com ele. Ele mesmo, porém, dizia: Sou eu.

Perguntaram-lhe, pois: Como te foram abertos os olhos? Respondeu ele: O homem chamado Jesus fez lodo, untou-me os olhos e disse-me: Vai ao tanque de Siloé e lava-te. Então, fui, lavei-me e estou vendo. Disseram-lhe, pois: Onde está ele? Respondeu: Não sei. Levaram, pois, aos fariseus o que dantes fora cego. E era sábado o dia em que Jesus fez o lodo e lhe abriu os olhos. (João 9.8-14).

Os fariseus eram contra Jesus, embora Ele fosse o enviado de Deus e fizesse o bem por onde ia. Eles eram governados por regras, leis e costumes, e ficaram furiosos quando descobriram que Jesus tinha ousado curar esse homem no dia de sábado. Até esse momento, os fariseus não tinham encontrado nada de que pudessem acusar Jesus. Mas, para eles, o sábado era o dia errado para fazer qualquer tipo de obra, mesmo a obra de Deus.

Da mesma forma, regras governam nossa vida em muitas áreas, mesmo em nossas experiências espirituais, e podem nos afetar de forma positiva ou negativa.

Mesmo quando as leis são basicamente boas, algumas pessoas, como os fariseus, se prendem ao legalismo religioso (uma adesão literal e inflexível à lei) e não podem realmente desfrutar Deus ou a vida.

Houve um tempo em que qualquer relacionamento pessoal com Deus era baseado numa série de regras. No Antigo Testamento, lemos sobre uma aliança de obras chamada de Antiga Aliança. Sob essa aliança, as pessoas tinham de seguir a lei. Quando cometiam erros, deveriam fazer sacrifícios para expiar a culpa. Havia tantas leis que as pessoas não podiam guardá-las totalmente.

Mas Jesus veio e estabeleceu a aliança da graça. Nessa nova aliança, temos o maravilhoso dom da graça[2] por causa do sacrifício de Jesus na cruz. Nossa salvação e nosso relacionamento com Ele não mais são baseados na obediência a certas regras.[3] Podemos ter um relacionamento pessoal com Jesus no qual não temos de lutar para fazer o que é certo. Tudo o que temos de fazer é crer, depender dEle e agir de acordo com o que Ele nos diz para fazer.

O LEGALISMO PERDE OS MILAGRES

Nos versículos seguintes, observe como o legalismo impediu os fariseus de simplesmente perceberem a grandeza do milagre que Jesus realizou:

> Então, os fariseus, por sua vez, lhe perguntaram como chegara a ver; ao que lhes respondeu: Aplicou lodo aos meus olhos, lavei-me e estou vendo.
>
> Por isso, alguns dos fariseus diziam: Esse homem não é de Deus, porque não guarda o sábado. Diziam outros: Como pode um homem pecador fazer tamanhos sinais? E houve dissensão entre eles.
>
> De novo, perguntaram ao cego: Que dizes tu a respeito dele, visto que te abriu os olhos? Que é profeta, respondeu ele.
>
> Não acreditaram os judeus que ele fora cego e que agora via, enquanto não lhe chamaram os pais (João 9.15-18).

Você notou como os fariseus examinaram minuciosamente o milagre dissecando-o, tentando raciocinar a respeito dele?

Discutiremos o racionalismo mais tarde, mas a necessidade de entender tudo é um Ladrão da Alegria que nos leva a atentar mais para nossa mente do que para nosso coração.

Você considera necessário "entender" tudo o que acontece? Você quer compreender tudo, ter tudo sob controle em sua mente? Os fariseus também. Eles se envolveram tanto com seu próprio raciocínio e ficaram tão ocupados com suas próprias obras da carne, tentando obedecer às regras e guardar a lei, que não tinham qualquer tempo para alegrar-se, simplesmente descansar em Deus e desfrutar a vida. E eles esperavam que todos também fizessem o mesmo.

O LEGALISMO COMPLICA TUDO

Os fariseus legalistas focalizaram-se apenas na quebra das leis, em vez de se alegrarem com a cura daquele homem cego:

> E os interrogaram: É este o vosso filho, de quem dizeis que nasceu cego? Como, pois, vê agora?
>
> Então, os pais responderam: Sabemos que este é nosso filho e que nasceu cego; mas não sabemos como vê agora; ou quem lhe abriu os olhos também não sabemos. Perguntai a ele, que idade tem; falará de si mesmo. (João 9.19-21)

O homem tinha acabado de ser curado de uma cegueira de nascença e devia estar se sentindo realmente feliz. As perguntas dos fariseus deviam soar para ele como uma piada de mau gosto todo aquele interrogatório dos fariseus deve ter roubado sua alegria.

É possível fazer uma lei a respeito de tudo, e os fariseus tinham se prendido às leis irrealistas feitas por eles mesmos, por isso se tornaram cegos para o fato de que Jesus era o Filho de Deus. Numa desesperada tentativa de provar o contrário, os fariseus continuaram a interrogar o homem que Jesus tinha curado.

Conforme declarado no comentário bíblico *Matthew Henry's Commentary in The Whole Bible*, "seria esperado que um milagre como aquele que Jesus fez ao homem cego confirmasse a reputação de Jesus, silenciando e envergonhando toda oposição, mas causou efeito contrário: em vez de ser respeitado como profeta, Ele foi perseguido como criminoso".[4]

Uma atitude legalista e baseada no raciocínio humano complica tudo. Isso enche as pessoas de orgulho e as impede de enxergar a verdade mesmo quando se deparam face a face com os fatos, como esta história ilustra:

> Isto disseram seus pais porque estavam com medo dos judeus; pois estes já haviam assentado que, se alguém confessasse ser Jesus o Cristo, fosse expulso da sinagoga. Por isso, é que disseram os pais: Ele idade tem, interrogai-o.
>
> Então, chamaram, pela segunda vez, o homem que fora cego e lhe disseram: Dá glória a Deus; nós sabemos que esse homem é pecador.
>
> Ele retrucou: Se é pecador, não sei; uma coisa sei: eu era cego e agora vejo. (João 9.22-25)

Não posso explicar de forma doutrinária tudo o que o Senhor fez em minha vida, assim como esse homem cego nesta passagem também não podia explicar sua cura. Não fui educada o suficiente para usar toda a terminologia correta para descrever o que tem acontecido em minha vida. Mas de uma coisa sei: minha vida era uma confusão, e agora fui transformada!

Mudando sua forma de pensar

Antigamente, em minha caminhada cristã, continuamente me esforçava para mudar as coisas com minhas próprias forças. Mas muitas das mudanças que ocorreram em minha vida começaram quando, finalmente, percebi que somente Deus podia operar tais mudanças.

Certo dia, simplesmente, sentei-me na presença de Deus chorando e disse-lhe: "Se o Senhor não me mudar, nunca serei diferente porque tenho feito tudo que alguém pode fazer para mudar. Tenho tentado tudo o que sei. Tenho utilizado cada fórmula, tenho repreendido cada demônio. Tenho jejuado, orado, tenho clamado e suplicado, e nenhuma dessas coisas funcionou. Assim, ou o Senhor me transforma, ou terei de permanecer desse jeito para sempre. Se tenho que ser diferente, o Senhor terá de me mudar. Eu desisto!"

Quando terminei de falar, o Espírito Santo falou em meu coração: "Bom, finalmente *Eu* posso começar a agir".

Finalmente cheguei ao ponto em que não me importava mais se meu ministério cresceria ou não; eu apenas queria alguma paz. Não me importava mais se Dave e meus filhos mudariam ou não; eu apenas queria alguma paz. Finalmente percebi que teria de parar de tentar mudar tudo e todos ao meu redor, incluindo eu mesma, e deixar Deus cuidar de tudo se eu desejasse ter paz.

Você nem mesmo desfrutará a promessa da nova vida[5] que Jesus morreu para lhe dar se você não mudar sua maneira de pensar. Não se trata do que você faz, mas daquilo que Jesus fez por você.

Tentar enfrentar todos os desafios da vida diária pode levá-lo a agir pelos esforços humanos, o que rouba sua paz, sua alegria, seu respeito próprio e sua confiança. As obras sempre o levam a se esforçar para *ser* melhor a fim de que você se *sinta* melhor sobre si mesmo. Mas, se você tentar fazer as coisas com sua própria força, será incapaz de produzir as mudanças positivas que deseja.

LIBERTAÇÃO DO LEGALISMO

Os versículos seguintes têm uma mensagem maravilhosa, confirmando que somente a justificação pela fé, e não por obras, libera alegria em nossa vida:

> Justificados (absolvidos, declarados justos e recebendo uma posição correta diante de Deus), pois, mediante a fé, [apeguemo-nos ao fato de que] temos [a paz da reconciliação para mantermos e desfrutarmos] paz com Deus por meio de nosso Senhor Jesus Cristo (o Messias, o Ungido); por intermédio de quem obtivemos igualmente [nosso] acesso (entrada, introdução), pela fé, a esta graça (estado do favor de Deus) na qual estamos firmes [e seguros]; e gloriamo-nos (regozijamo-nos e exultamos) na esperança da glória de Deus. (Romanos 5.1-2)

Deus não planejou que vivêssemos na escravidão do legalismo ou sob qualquer outro tipo de escravidão. Devemos experimentar uma gloriosa libertação e liberdade. Liberdade para desfrutar tudo o que Deus nos deu por intermédio de seu Filho, Jesus.

Mas Satanás tentará nos roubar do prazer de viver. Ele nos acusa, nos condena e nos faz sentir-nos inseguros porque ele sabe que não podemos usufruir a vida e, ao mesmo tempo, ter sentimentos negativos sobre nós mesmos. Graças a Deus, podemos quebrar sua armadilha e começar a desfrutar a liberdade e a libertação compradas por intermédio do sangue de Jesus para nós.

Lemos a respeito do nosso direito de sermos em livres em Jesus no texto de João 8.31-32, que diz: "Se vós permanecerdes na minha palavra, sois verdadeiramente meus discípulos e conhecereis a verdade, e a verdade vos libertará". E novamente, no versículo 36: "Se, pois, o Filho vos libertar, verdadeiramente sereis livres".

Você está desfrutando a liberdade espiritual em Jesus ou sacrificando sua alegria porque está preso ao legalismo, a um rígido padrão de pensamento que o faz crer que você tem de fazer tudo certo?

Se você vive uma vida de rigidez legalista, essa não será uma vida agradável. Eu sei. Chegou um momento em que tive que enfrentar a verdade de que eu era legalista e rígida. Embora enfrentar essa verdade fosse algo difícil para mim, Deus a usou para me libertar.

Jesus veio para que pudéssemos ter e desfrutar a vida em plenitude, até transbordar.[6] Seguir um estilo de vida sufocante e legalista nos levará a obras e esforços inúteis que nos farão lutar e viver em frustração. Lembre-se: não há escravidão ou peso em Deus. Suas regras (sua maneira para fazer as coisas) trazem satisfação e libertação.

Sentir-se culpado e condenado na maior parte do tempo não é liberdade. Sentir tormento emocional e mental não é liberdade. Sentir-se triste e deprimido não é liberdade.

Você já chegou ao ponto de estar cansado de tentar cuidar de tudo? Você deseja desistir disso e pedir a Deus que o ajude? Se é assim, faça esta oração:

> *Pai, estou cansado de ser legalista e complicado. Apenas quero ter alguma paz e desfrutar minha vida. Assim, Pai, dá-me o desejo de fazer o que é certo aos Teus olhos. Se Tu não fizeres isso, então não poderá ser feito. Coloco minha confiança em Ti.*

Eu o encorajo a colocar de lado as limitações e derrotas do legalismo e fazer seu melhor, começando agora mesmo a desfrutar a vida de liberdade que Deus preordenou para nós por intermédio de Jesus. Em vez de perder sua alegria por causa do legalismo e das regras auto-impostas, o próximo Guarda da Alegria lhe mostrará como encontrar liberdade para viver, justiça, paz, e alegria,[7] enquanto Deus cuida de todas as coisas em sua vida.

5

Guarda da Alegria nº 2: Seja livre em Cristo

O salmista Davi escreveu: "Eis que tenho suspirado pelos teus preceitos; vivifica-me por tua justiça. Assim, observarei de contínuo a tua lei, para todo o sempre [ouvindo-a, recebendo-a, amando-a e obedecendo-a]. E andarei com largueza, pois me empenho [e desesperadamente busco] pelos teus preceitos". (Salmos 119.40, 44-45).

Se você verdadeiramente amar a Palavra de Deus, se você ouvi-la, recebê-la e *obedecer a ela*, terá liberdade e viverá com largueza. Em outras palavras, a vida não será dura, difícil e frustrante. Sua alegria é plena quando você crê nas promessas de Deus e obedece aos *Seus* mandamentos.

A Bíblia ensina que aqueles que desobedecem às instruções de Deus e não atentam para sua Palavra não entram no lugar de descanso que Ele lhes oferece.[1] Assim, quando você se sente frustrado ou perturbado porque tem perdido sua paz e sua alegria, pergunte a si mesmo: "Estou crendo na Palavra de Deus?"

A única forma de sermos livres dos conflitos é crer na Palavra e obedecer ao que Jesus colocar em nossos corações para fazer. Crer na Palavra de Deus nos libera das lutas para que possamos descansar nas promessas de sua Palavra. A Bíblia diz: "Nós, porém, que cremos (aderimos, confiamos e nos apoiamos em Deus), entramos no descanso". (Hebreus 4.3)

Se seus pensamentos têm se tornado negativos e você está cheio de dúvidas, é porque você parou de ouvir e receber a Palavra de Deus e de obedecer a ela. Logo que você recomeçar a crer na Palavra, sua alegria retornará, e você estará andando com largueza novamente. E esse lugar de descanso em Deus é onde Ele quer que você esteja *cada dia* de sua vida.

A LEI NÃO TEM PODER

O alvo da lei de Deus é restringir as tendências malignas naturais do homem em seu estado decaído, mas a lei em si mesma é ineficiente, porque não controla o comportamento da humanidade. Em outras palavras, a lei não tem poder para fazer as pessoas desejarem obedecer a ela.

Paulo explicou que nos tornamos justos diante de Deus simplesmente ao crermos em Cristo:

> Visto que ninguém será justificado (tornado justo, absolvido, aceitável) diante dele por obras da lei, em razão de que pela [real função da] lei vem o pleno conhecimento do pecado [não mera percepção, mas um entendimento que gera arrependimento, fé e caráter santo]. Mas agora, sem lei, se manifestou a justiça de Deus testemunhada pela lei e pelos profetas; justiça de Deus mediante a fé em Jesus

> Cristo (o Messias), [e isso é para todos] para todos e sobre todos os que crêem; porque não há distinção, pois todos pecaram e carecem da glória de Deus, sendo [todos] justificados gratuitamente, por sua graça [seu imerecido favor e misericórdia], mediante a redenção que [é provida] há em Cristo Jesus. (Romanos 3.20-24)

Como lemos acima, a função real da lei é nos fazer reconhecer nosso pecado e perceber nossa necessidade de um Salvador. A lei somente serve como guia para nos mostrar a justiça de Cristo, pois Ele cumpriu toda a lei.

De fato, a lei realmente *reforça* nossa inclinação para o pecado. A Palavra diz: "Sobreveio a lei [somente] para que avultasse [e se expandisse] a ofensa [tornando-a mais aparente e excitando a oposição]". (Romanos 5.20)

Por exemplo, suponha que você tenha a tendência de comer muito chocolate. Você quer ser livre desse hábito e, então, cria uma lei para si mesmo: "*Não devo* comer chocolate, *não posso* comer chocolate, *nunca mais* comerei chocolate novamente". Você até mesmo se convence de que é *pecado* comer chocolate. Essa lei auto-imposta não o faz livre do desejo de comer chocolate, mas realmente parece aumentar o seu problema! Agora tudo o que você pensa é sobre o chocolate. Você quer chocolate o tempo todo. Você tem chocolate em sua mente desde o amanhecer até a noite.

Finalmente, você se descobre comendo chocolate às escondidas porque disse a todo mundo que conhece que *nunca mais* comeria chocolate. Você não pode comer chocolate na frente das pessoas e, assim, se esconde quando come. Agora você se sente realmente culpado porque se tornou um pecador "oculto".

Se você sabe do que estou falando, sabe também do sofrimento que vem ao estar "sob a lei" em vez de ser livre em Cristo. Graças a Deus, não é pecado comer chocolate, mas, se fosse um pecado e confessássemos esse pecado a Deus, o Espírito Santo nos daria a graça de perder nosso desejo por isso, e desfrutaríamos a libertação desse pecado.

Novos crentes que podem ser imaturos em sua fé e fracos no conhecimento da Palavra de Deus freqüentemente voltam sua atenção para as leis de Deus para tentar controlar suas paixões, mas, quando amadurecem, aprendem a dirigir sua atenção à direção do Espírito Santo, e Ele os faz livres do desejo de pecar.

A GRAÇA MUDA NOSSOS DESEJOS

Paulo explicou que a graça de Deus é o poder para sermos libertos da tentação e do mal. Ele escreveu:

> Mas onde abundou o pecado, superabundou a graça (favor imerecido de Deus), a fim de que, [assim] como o pecado reinou pela morte, assim também reinasse a graça [seu imerecido favor] pela justiça (posição reta diante de Deus) para a vida eterna, mediante Jesus Cristo (o Messias, o Ungido), nosso Senhor. (Romanos 5.20-21)

Lembre-se: Deus deu a lei para que pudéssemos perceber em que confusão estaríamos sem Ele. A Palavra diz: "Se dissermos que não temos pecado nenhum [recusarmos admitir que somos pecadores], a nós mesmos nos enganamos, e a verdade [que o Evangelho apresenta] não está em nós [não habita em nossos corações]". (1 João 1.8)

Todos nós pecamos, mas, pela graça, Deus nos fortalece para perdermos o desejo de continuar a pecar. Ele nos purifica do desejo do pecado, conforme está escrito:

Se [livremente admitirmos que temos pecado e] confessarmos os nossos pecados, ele é fiel e justo (verdadeiro em sua própria natureza e promessas) para nos perdoar os pecados [descartar nossas ilegalidades] e [continuamente] nos purificar de toda injustiça [tudo que não está em conformidade com Ele, em propósito, pensamento e ação]. (1 João 1.9)

É difícil reconhecermos que pecamos. Mas o versículo 9 explica que, se admitirmos nossos pecados ao Senhor, Ele nos purificará de tudo que não está em conformidade com Seu plano para nós. Confessar nossas falhas a Deus quebra o poder do pecado sobre nós e nos libera para que possamos desfrutar a liberdade em Cristo cada dia. Ainda me lembro da alegria que senti quando comecei a compreender essa verdade. O versículo de 1 João 2.1 diz: "Filhinhos meus, estas coisas vos escrevo para que não pequeis. Se, todavia, alguém pecar, temos Advogado (alguém que intercede por nós) junto ao Pai, Jesus Cristo, o [totalmente] Justo [reto, que se conforma à vontade do Pai em cada pensamento, propósito e ação]".

Minha paráfrase do que João estava dizendo é: "Eu darei a você todo este livro para que você não peque, mas, se você pecar, não se exaspere por isso. Não faça uma tempestade maior do que o problema já é. Leve seus pecados a Jesus. Admita suas fraquezas. Admita que você é humano. Admita suas imperfeições".

Quando confessamos nossos pecados a Deus, Ele nos muda interiormente. Ele muda nosso desejo para que desejemos o que Ele deseja. "Se, pois, o Filho vos libertar [torná-los homens livres], verdadeiramente (e inquestionavelmente) sereis livres". (João 8.36)

Há um equilíbrio entre nos disciplinarmos e não permanecermos sob escravidão de leis auto-impostas. Obviamente, os mandamentos de Deus precisam ser seguidos, mas quando seguimos um desejo piedoso em nossos corações para fazer a coisa certa, não mais precisamos ser guiados pela letra da lei. Se Jesus é nosso Senhor e Salvador, obedecer a Deus é o desejo do nosso coração, e a obediência nos leva a ter mais alegria. Muitas pessoas ainda tentam agradar a Deus por obedecerem a uma lista de regras sobre o que fazer ou não fazer. Mas muitas das regras que elas seguem não vêm da Palavra de Deus, mas de rituais religiosos feitos por homens.

Se seguirmos a liderança do Espírito Santo, saberemos exatamente o que precisamos fazer para agradar a Deus, porque Ele colocará o desejo em nosso coração de fazer mos que Ele deseja.

QUAIS LEIS VOCÊ TEM CRIADO PARA SI MESMO?

Anos atrás, transformei a limpeza da minha casa numa lei. Creio que devemos ter uma casa limpa e cuidar daquilo que Deus nos dá, mas naquele tempo em minha vida eu estava fora de equilíbrio. De fato, eu ficava sobrecarregada porque muito do meu valor e da minha dignidade baseavam-se na maneira como as coisas pareciam ao meu redor. Eu queria que minha casa parecesse absolutamente perfeita para que ninguém fosse capaz de encontrar qualquer falha em mim. Eu limpava minha casa de alto a baixo todo dia. Aspirava o pó, encerava, lustrava os espelhos e lavava os pisos.

Um dia, alguns dos meus amigos foram a certo lugar e me convidaram para ir com eles. Eu queria ir, mas minha lei autoimposta não deixou que eu seguisse meu coração. Então, fiquei aborrecida com meus amigos que estavam se divertindo sem mim e até mesmo os critiquei. Eu não era livre para seguir a direção do Espírito Santo.

A vida sai do equilíbrio quando não temos qualquer disciplina. Se ignorarmos nossas tarefas cada vez que alguém nos convidar para algo, terminaremos com a casa completamente desarrumada. Assim, precisamos de disciplina com equilíbrio para cuidar das coisas que precisam de atenção.

É bom ser disciplinado, mas não é bom ser legalista. É bom limpar minha casa, mas se alguém me convida para fazer algo e tenho paz a respeito disso, então preciso ter a liberdade de seguir meu coração. Preciso me sentir livre o suficiente para dizer: "Esse trabalho pode esperar até amanhã para que eu possa sair com meus amigos".

Atravessei muita tormenta e agonia por causa do legalismo. Eu tinha medo de fazer quase tudo. Tinha medo de ser livre. Tinha medo de seguir a liderança do Espírito Santo e tinha medo de cometer um erro e não ouvir a Deus. Eu me sentia segura quando obedecia a regras e regulamentos, mas também me sentia condenada o tempo todo.

O problema com a lei é que ela é perfeita. A lei é exatamente o que Deus faria, e é um quadro do que Ele é e do que Ele quer de nós também. Porque a lei é perfeita, não é surpreendente que não possamos mantê-la, porque não somos perfeitos em nossas realizações. Não há forma de seguimos todas as regras prescritas da lei e Deus não nos deu a lei com a expectativa de que pudéssemos cumpri-la. Ele deu a lei para nos ajudar a perceber quanto precisamos de um Salvador que nos resgate da nossa inabilidade de guardar suas leis.

Se tentarmos agradar a Deus por meio da obediência às suas leis, nos tornaremos orgulhosos quando formos bem-sucedidos, mas então pecaremos porque julgaremos aqueles que não estão guardando a lei como nós. Logo que percebemos nosso pecado, nos sentiremos condenados novamente. Finalmente aprenderemos que não há alegria em seguir regras.

Guarda da Alegria n° 2: Seja livre em Cristo

Confie na direção do Espírito Santo

A alegria vem ao seguirmos a direção de um coração que se tornou justo pela graça de Deus. Lembro-me de quando meus desejos começaram a mudar e se alinharem com o desejo de Deus para minha vida. A princípio eu me perguntava o que estava errado comigo porque já não queria mais fazer certas coisas. Então, percebi que Deus tinha mudado meus desejos.

Certa vez, li que nós, os crentes, somos como barcos que Deus quer colocar no mar para velejar conforme a vontade do vento e das ondas. O mar representa a liberdade que temos em Deus, e o vento é um símbolo do Espírito Santo. Mas, como novos crentes, ficamos presos ao cais porque esse é o único lugar em que podemos evitar o naufrágio até que aprendamos como seguir a Deus. Quando aprendemos a seguir os impulsos interiores do Espírito Santo, podemos ser soltos do cais e velejar as águas da vida sob a direção de Deus sem medo de nos perder.

A liderança de Deus não contradiz as leis que Ele ordenou. Quando somos novos crentes, aprendemos a seguir as leis de Deus que Ele definiu em sua Palavra e, quando amadurecemos, desenvolvemos a habilidade de sermos guiados pelo Espírito do Deus vivo.

Paulo explica:

> Assim, também nós [judeus cristãos], quando éramos menores, estávamos servilmente sujeitos aos rudimentos do mundo [às regras do ritual hebraico e à um sistema elementar de observações e regulamentos exteriores]; vindo, porém, a plenitude do tempo, Deus enviou seu Filho, nascido de mulher, nascido sob [os regulamentos da] a lei, para resgatar (comprar a liberdade, redimir, expiar) os que estavam sob a lei, a fim de que recebêssemos a adoção de filhos [e

sermos reconhecidos como filhos de Deus]. E, porque vós [realmente] sois [seus] filhos, enviou Deus ao nosso coração o Espírito [Santo] de seu Filho, que clama: Aba, Pai! (Gálatas 4.3-6)

Quando o Espírito de Deus está em você, a lei de Deus está escrita em seu coração. Você não mais tem que memorizar a lei porque pode seguir a liderança do Espírito Santo, que o levará na direção certa.

Algumas pessoas se sentem mais seguras seguindo a lei do que sendo dirigidas pelo Espírito. Elas pensam que estarão bem ao seguirem um plano prescrito que alguém mais está seguindo, mas seguir o Espírito pode levar as pessoas a fazer algo um pouco diferente daquilo que todos os outros estão fazendo. Elas precisam de fé para deixar a segurança da multidão porque Deus não leva todos a servi-lo exatamente no mesmo lugar ou com a mesma capacidade.

Não podemos seguir a direção de Espírito Santo simplesmente obedecendo a leis, regras e regulamentos. A lei é nosso tutor, mas não é nosso senhor. Para viver com largueza e ser cheio de alegria, devemos aprender a seguir o Espírito Santo em oração.

Ore a respeito de tudo

Eu não poderia a dizer a você quanto oro todo dia. Realmente não sei. Simplesmente falo com Deus durante o dia todo. Falo com Ele enquanto arrumo meu cabelo. Falo com Ele no meio da noite. Falo com Ele sobre tudo. Falo com Ele sobre pequenas coisas e sobre grandes coisas também. E falar com Deus sempre me traz alegria.

Eu costumava ouvir diferentes problemas e situações na vida das pessoas e determinei que me lembraria de orar por elas. Em pouco tempo, acumulei uma pilha de coisas pelas quais precisava orar. Agora, assim que ouço que alguém tem uma necessidade, já paro e oro imediatamente.

A oração precisa ser como a respiração, uma parte natural de nossa vida. Devemos estar constantemente num relacionamento com Deus para que Ele possa nos levar no caminho que devemos seguir. É isso que Paulo quis dizer quando escreveu: "Orai sem cessar" (1 Tessalonicenses 5.17). Isso não significa que vamos nos sentar em qualquer esquina e não fazer mais nada, além de nos concentrarmos num programa formal de oração durante o dia inteiro. Na verdade, orar sem cessar significa *viver* uma vida de oração.

Um dos maiores sinais de maturidade espiritual é ter fé para se levantar e fazer o que Deus nos manda fazer, mesmo se ninguém mais parece fazê-lo. Talvez Deus o tenha levado a participar de uma área do ministério anos atrás, mas agora você sente um desejo de trabalhar em outra área. Deus pode ter levado você a conduzir um estudo bíblico ou trabalhar em certo lugar durante certo tempo. Pode ter havido um período em que isso era fácil para você, mas agora parece difícil. Deus pode ter terminado aquilo que Ele o enviou para fazer ali.

Quando o que você está fazendo não lhe dá alegria, quando não há vida naquilo para você, então há uma forte indicação de que Deus encerrou aquela etapa.

A oração o ajudará a descobrir se Deus está levando você a fazer mudanças. Quando você pensa *Estou trabalhando com isso, mas agora isso não me edifica mais; já não há mais alegria para mim aqui*, então você deve orar a Deus buscando orientação para sua vida.

Com a unção de Deus, seu caminho se torna espaçoso e cheio de alegria. Jesus disse: "Tomai sobre vós o meu jugo e aprendei de mim, porque sou manso (gentil) e humilde de coração; e achareis descanso (alívio, largueza, refrigério, recreação e uma quietude abençoada) para a vossa alma. Porque o meu jugo é suave (proveitoso, bom, não é duro, difícil, apertado ou pesado), mas confortável, gracioso e agradável), e o meu fardo é leve (e fácil de carregar)". (Mateus 11.29-30).

Alguns indivíduos não têm qualquer alegria porque eles tentam fazer as coisas que Deus não mais os unge para fazer. Eles estão simplesmente tentando conduzir um cavalo morto. O "cavalo" pode ter morrido há sete anos, mas eles ainda estão sentados ali tentando levá-lo ao lugar que ele costumava ir.

Quando o cavalo não está se movimentando, é tempo de desmontá-lo!

Tenha coragem para dizer: "Fiz as coisas de certa forma por longo tempo, mas essa não é mais a maneira que Deus está me dirigindo agora. Creio que Deus está me levando a fazer isso e isso, e vou seguir a direção do Espírito Santo".

A ALEGRIA DE SEGUIR A DEUS

Precisamos ser livres do legalismo tradicional e ver as coisas novas que Deus quer que façamos. As pessoas que sentem condenação porque não conseguem obedecer às regras permanecem desapontadas consigo mesmas e não podem desfrutar seu relacionamento com Deus.

Penso que a maioria de nós pode relacionar-se com esta oração que alguém compartilhou comigo: "Querido Senhor, até aqui tenho feito tudo certo. Não fofoquei, não perdi a paciência. Não fui ganancioso, irritado, desagradável, egoísta ou excessivamente tolerante e, realmente, agradeço por isso, Deus. Mas em poucos minutos, Senhor, me levantarei da cama e daí em diante, provavelmente, precisarei de muito mais ajuda"!

Penso que muitos crentes sentem que Deus não está feliz com eles, que Ele está furioso e que eles precisam trabalhar duro para que Deus os aceite. Eles querem uma lista de coisa para fazer que os torne aceitáveis diante dEle. No final do dia, eles querem receber um pequeno boletim com as notas pelo bom comportamento. Se eles puderem obter uma estrela e se sentirem bem consigo mesmos, pensam que Deus também estará satisfeito com eles.

Mas Deus não quer que vivamos dessa forma. Ele quer que dependamos dEle e sejamos dirigidos pelo Espírito Santo. A Palavra de Deus diz claramente: "Ele te declarou, ó homem, o que é bom e que é o que o Senhor pede de ti: que pratiques a justiça, e ames a misericórdia, e andes humildemente com o teu Deus". (Miquéias 6.8)

Deus quer nos levar a fazer coisas que são boas para nós, como passar tempo com Ele, mas não quer que transformemos nosso tempo devocional numa lei. Logo que tornamos nosso desejo de seguir a Deus numa lei, o nosso relacionamento com Deus depende da obediência àquela lei, em vez da obediência à Sua voz e à Sua Palavra.

Se você está cansado de tentar seguir as regras de agradar a Deus e está pronto a confiar na graça de Deus para ajudá-lo a ter alegria a cada dia de sua vida, eu o encorajo a admitir sua necessidade de ajuda do Senhor ao fazer esta oração:

> *Deus, quero fazer tudo simplesmente da forma que Jesus faria, mas o triste fato é que parece que quanto mais planejo ser melhor, pior eu ajo. Não posso fazer o que é certo sem Teu poder. Preciso da Tua ajuda. Quero ser dirigido pelo Teu Espírito hoje. Quero que Tua vontade seja feita e não a minha. Quero fazer o que o Senhor quer que eu faça.*

Quando seu relacionamento com Deus amadurecer, você se encontrará vivendo menos por regras, orientações e regulamentos e mais pelos desejos de seu coração. Quando você aprender mais da Palavra, descobrirá que o desejo de Deus para sua vida encherá seu coração de alegria. Deus quer que você conheça o coração dEle o suficiente para que você possa querer seguir a direção do Espírito Santo.

Uma vez que você é livre em Cristo, permaneça firme nessa liberdade e não se torne enredado pelo Ladrão da Alegria chamado legalismo, o qual é um jugo de escravidão que você já lançou fora.[2] Deus quer levá-lo um novo lugar cheio de liberdade para que você siga seu coração, porque é nEle que a lei de Deus habita.

Deus também lhe dará certa autonomia já que você não desejará abusar de sua liberdade, e fará apenas o que Ele quer que você faça. Então, Ele cortará as cordas que o prendem ao cais e você poderá velejar pelo oceano e começar a fluir na alegria do Espírito Santo.

6
Ladrão da Alegria nº 3: Complicando coisas simples

A tendência de complicar as coisas é outro fator que roubará sua alegria. Paulo escreve: "Mas receio que, assim como a serpente enganou a Eva com a sua astúcia, assim também seja corrompida a vossa mente e se aparte da simplicidade e pureza devidas a Cristo". (2 Coríntios 11.3)

Aprenda a manter a vida tão simples quanto possível. Como eu disse antes, é bom ter um plano para sua vida e para suas atividades cotidianas, mas esteja aberto a seguir o plano de Deus se Ele tem outra direção na qual quer que você vá.[1]

Podemos realmente impedir ou bloquear o plano de Deus ao seguir nossos próprios planos e desejos carnais sem consultar o Senhor, e ao nos esforçarmos para nos tornarmos aceitáveis a Ele.

O plano de Deus para nós é realmente tão simples que muitas vezes o descartamos. Tendemos a procurar por algo mais complicado, mais difícil, algo que pensamos ser esperado de nós para agradarmos a Deus. Jesus nos disse o que fazer para começarmos a seguir o plano de Deus. Apenas creia![2]

Minha vida é um exemplo da grandeza da habilidade de Deus para cumprir seu plano em nossa vida, não importa quão impossível isso possa parecer, quando simplesmente cremos.

"CREIO NISSO!"

Eu costumava ser uma pessoa muito complicada. Minha maneira de ver e fazer as coisas era tão complicada que me impedia de desfrutar tudo.

Nós dizemos que vivemos numa sociedade complicada, mas creio que somos nós que a complicamos. Não penso que a vida seja tão complicada, mas que a nossa forma de viver é que a complica. Servir a Deus não deve ser complicado, mas, pode tornar-se algo muito complexo. Creio que somos nós que fazemos as coisas assim.

Pense sobre a forma simples e descomplicada como uma criança vive. Algo que as crianças parecem ter em comum é isto: elas farão todo o possível para desfrutar as coisas. Elas são livres e completamente sem preocupações. Elas crêem naquilo que ouvem, e sua natureza é confiar, a menos que elas tenham uma experiência naquela área que as ensinou de uma outra forma.

Jesus quer que cresçamos e amadureçamos em nosso comportamento, mas também quer que permaneçamos como crianças na atitude de confiar e depender dEle.[3]

Lembre-se do que Ele nos disse em João 3.16 (grifo da autora): "Porque Deus amou ao mundo de tal maneira que deu o seu Filho unigênito, para que todo o que nele *crê* não pereça, mas tenha a vida eterna". Tudo o que Ele quer nos ouvir dizer é: "Creio nisso".

Crer simplifica a vida. Isso libera alegria e nos deixa livre para desfrutarmos nossa vida enquanto Deus cuida de nossas circunstâncias.

Como vimos, Deus falou a Abraão sobre a tremenda promessa de dar-lhe um filho quando ele tinha 100 anos e sua esposa já tinha passado da idade de concepção. Abraão não complicou o assunto ao tentar imaginar como isso aconteceria. Ele simplesmente creu em Deus. De fato, ele *creu* tão fortemente que riu, pois aquilo era engraçado, e ele desfrutou a situação.

Eis o que você tem que começar a fazer se quiser ter qualquer alegria: simplesmente creia em Deus.

Quando Deus diz algo a você em ao seu coração, ou quando você ler algo na Bíblia, deve dizer: "Creio nisso. Se Deus diz que Ele me prosperará, creio nisso.[4] Se Ele diz que colherei se eu semear,[5] creio nisso. Se Ele diz para perdoar meus inimigos,[6] embora isso não faça qualquer sentido para mim, creio nisso e, em vez de atacá-los, continuarei a fazer o que Deus diz. Se Ele diz para orar por meus inimigos,[7] creio nisso e irei fazê-lo. Se Ele diz para chamar "as coisas que não são como se já fossem",[8] creio nisso e eu o farei".

Faça as coisas à maneira de Deus

O que Jesus disse a Pedro no versículo abaixo, provavelmente, não fazia qualquer sentido naturalmente falando. Mas Pedro simplesmente fez o que o Senhor disse e obteve a maior pescaria da sua carreira:

> Quando acabou de falar, disse a Simão: Faze-te ao largo, e lançai as vossas redes para pescar.

> Respondeu-lhe Simão: Mestre, havendo trabalhado toda à noite, nada apanhamos, *mas sob a tua palavra* lançarei as redes.
>
> Isto fazendo, apanharam grande quantidade de peixes; e rompiam-se-lhes as redes. (Lucas 5.4-6, grifo da autora)

Uma vez que você supera o peso de tentar viver no Reino natural e ser guiado por seus pensamentos, sentimentos e emoções, você pode fazer a transição e chegar a fazer apenas o que Deus lhe diz.

Em João capítulo 9, Jesus disse para o homem que nascera cego: "Vai, lava-te no tanque de Siloé (que quer dizer Enviado)" (Jo 9.7). Ele foi e voltou enxergando. É maravilhoso o que Deus fará, se você simplesmente fizer o que Ele disser.

Creio que Deus tem um plano para transformar sua vida, mas você tem de confiar nEle. Você tem de crer e fazer as coisas à maneira dEle, mesmo se isso não fizer qualquer sentido para você.

Mantenha-se simples

Você já convidou pessoas para irem à sua casa e, então, não desfrutou a visita delas? Por quê? Teria sido porque, assim como Marta nos versículos a seguir, você tornou aquela simples ocasião de comunhão em algo complicado, quando não deveria ter sido assim?

> Indo eles de caminho, entrou Jesus num povoado. E certa mulher, chamada Marta, hospedou-o na sua casa.
>
> Tinha ela uma irmã, chamada Maria, e esta se quedava assentada aos pés do Senhor a ouvir-lhe os ensinamentos.

Marta agitava-se de um lado para outro, ocupada em muitos serviços. Então, se aproximou de Jesus e disse: Senhor, não te importas de que minha irmã tenha deixado que eu fique a servir sozinha? Ordena-lhe, pois, que venha ajudar-me.

Respondeu-lhe o Senhor: Marta! Marta! Andas inquieta e te preocupas com muitas coisas.

Entretanto, pouco é necessário ou mesmo uma só coisa; Maria, pois, escolheu a boa parte, e esta não lhe será tirada (Lucas 10.38-42).

A maioria de nós, ocasionalmente, gosta de convidar umas poucas pessoas para ter comunhão. Mas, se tivermos que convidar alguém para nossa casa, devemos desfrutar isso.

Tenho notado que pessoas complicadas como eu ou como Marta, nessa passagem, perturbam-se facilmente porque tendem a fazer tudo muito mais difícil do que deveria ser. Vou dar um exemplo pessoal:

Há alguns anos, eu poderia dizer a um grupo de amigos: "Por que vocês não vêm à minha casa no próximo domingo após a reunião da igreja? Faremos chá, cachorro quente, abriremos alguns pacotes de batata frita, carne e feijão enlatados, e teremos um lanche juntos". E eles responderiam: "Certo, nós iremos; vai ser muito bom!"

Bem, aquilo parecia bom para mim. Parecia fácil e algo que eu poderia fazer sem muita agitação ou preocupação.

Mas eu simplesmente não poderia deixar as coisas simples assim. O cachorro quente se transformou em churrasco, e o pacote de batatas tornou-se uma salada de batatas. Eu tinha convidado seis pessoas, mas, então, comecei a pensar sobre as outras doze que eu não tinha convidado e que poderiam ficar aborrecidas se soubessem que as outras viriam.

E tudo rapidamente saiu do controle.

Agora tínhamos dezoito pessoas nos visitando. Tivemos de comprar lenha, e não podíamos gastar tanto; tivemos que pintar a churrasqueira, encerar o chão, cortar a grama e plantar novas flores.

O que deveria ser um simples lanche com amigos tinha se tornado num pesadelo, e isso porque tive a "síndrome de Marta". Eu estava impregnada com a atitude de "Marta" em todo meu ser. Eis o que eu quis dizer anteriormente sobre não desfrutar a vida porque eu era muito complicada.

Finalmente, fiquei irritada com todos em casa porque tive de trabalhar tão arduamente tentando preparar o lanche. Logo comecei a ficar ressentida e pensei: *Por que essas pessoas têm de vir à minha casa?*

Então o sábado chegou e Dave quis jogar golfe. E fiquei muito furiosa com ele porque ele iria jogar golfe enquanto eu estaria em casa fazendo todo o trabalho para essa grande festa que teríamos no dia seguinte.

Por que não me mantive na simplicidade? Eu tinha um desejo de impressionar as pessoas que não vinha de Deus.

Eu tinha um problema, mas fora um problema que *eu* criara. Eu precisava aprender a ser mais parecida com Maria e menos com Marta.

Em vez de me preocupar e me afligir, eu precisava aprender a simplificar os planos, a ficar mais leve e desfrutar a vida!

Posso compartilhar algo com você com todo amor? Se você tem problemas em sua vida, pode ser porque você esteja criando muitos deles. Você pode estar tentando tomar as coisas que devem ser simples, engraçadas, fáceis e mesmo baratas, e criando grandes problemas a respeito delas.

Então, você, provavelmente, ficará furioso com todos ao seu redor porque você está frustrado. Você está frustrado porque não prosseguiu com aquilo que estava em seu coração, mas, pelo contrário, começou a complicar tudo.

Viver uma vida complicada roubará sua alegria. A simplicidade lhe trará poder e paz. Pode ser difícil fazê-lo, mas você pode aprender a ter simplicidade para fazer as coisas. Comece aceitando a simplicidade que lhe pertence em Cristo Jesus. Isso significa parar de lutar e de se esforçar e, simplesmente, descansar e depender dEle.

O próximo Guarda da Alegria lhe mostrará como ser simples ao confiar em Deus. A confiança libera tanto a paz quanto a alegria, assim como as bênçãos de Deus,[9] e é a chave para desfrutar cada dia de sua vida.

7

Guarda da Alegria nº 3: Seja simples

Você sente que sua vida ainda é muito complicada? Creio que Satanás trabalha duramente para complicar sua vida porque assim poderá roubar sua alegria, mas Deus quer que você ame e desfrute sua vida. Quero compartilhar alguns princípios que podem abrir a porta para novos níveis de alegria em sua vida.

Jesus disse: "Eu sou a porta. Se alguém entrar por mim, será salvo (viverá); entrará, e sairá (livremente), e achará pastagem. O ladrão vem somente para roubar, matar e destruir; eu vim para que tenham (e a desfrutem) vida e a tenham em abundância (até a plenitude, até transbordar)" (João 10.9-10).

Creio que precisamos fazer todos os esforços para simplesmente desfrutar a presença de Jesus em cada dia que Deus nos der. Se confiarmos nele, a alegria será radicalmente abundante e transbordará em nossa vida.

Garda da Alegria nº 3: Seja simples

Não se preocupe com o que os outros pensam

Anos atrás, percebi que não estava usufruindo meu trabalho porque me preocupava com o que os outros pensavam a respeito do meu ministério. Finalmente coloquei em minha mente que se eu tinha de passar cada dia da minha vida pregando o evangelho, deveria usufruir isso. Percebi que não poderia desfrutar as reuniões se ficasse preocupada com o que as pessoas pensavam a meu respeito. Não podia usufruir meu trabalho se tentasse manter todos felizes.

Tenho de me livrar da armadilha de complicar meus pensamentos. Simplesmente tenho de estar concentrada no que Deus me ungiu para fazer.

Você tem de ser livre também se quiser desfrutar sua vida. Você nunca encontrará alegria se não compreender o poder da simplicidade.

Creio que Satanás trabalha o tempo todo para complicar tudo o que ele puder a nosso respeito. Ele quer nos distrair com confusão e complicações para que não desfrutemos as bênçãos de Deus. Satanás não quer que você usufrua nada, mesmo um simples churrasco com amigos, e assim ele tentará fazer você trabalhar tão arduamente que nunca mais desejará convidar as pessoas à sua casa para jantar outra vez.

As pessoas fazem a mesma coisa que na época de festas. Elas entram em grandes dívidas tentando comprar presentes porque têm medo do que as pessoas pensarão se não derem nada. Se você realmente não tem dinheiro, apenas diga às pessoas que não pôde comprar presentes este ano. A verdade é simples.

A vida fica complicada quando tentamos ignorar ou ocultar a verdade. E a maioria das pessoas não ficará irada com aquelas que são sinceras e lhes dizem a verdade. Pode até haver poucas pessoas que se ofendam. Pode mesmo haver alguns que acreditam que você deveria entrar em dívidas simplesmente para lhes comprar algo que elas nem mesmo precisariam. Mas pessoas como essas ficariam furiosas com você por qualquer outra coisa, e assim você pode simplesmente simplificar sua vida e ser sincero.

Não acumule muitas coisas

Você tem idéia de quantas coisas temos e pensamos ser indispensáveis para sermos felizes, comparadas com o que realmente é necessário para viver? Dave e eu temos passado muito do nosso tempo vivendo em quartos de hotel enquanto viajamos com nosso ministério. Aprendi a levar tudo de que realmente preciso em poucas malas. Embora algumas pessoas caçoem de mim por levar muita bagagem, ainda deixo muita coisa em casa, o que significa que posso viver sem aquilo. É maravilhoso ver de quão pouco realmente precisamos. Enquanto há uma série de coisas em minha casa sem as quais pensava não poder viver, a verdade é que não disponho de nenhuma dessas coisas em 60% do meu tempo porque estou viajando e simplesmente vivo bem sem elas.

Muitas vezes, temos tantas coisas que mal podemos caminhar dentro de nossa casa. Logo que percebi, a princípio, minha necessidade de encontrar a simplicidade, tornei-me consciente de que cada bobagem que tentava comprar logo se tornaria em uma coisa a mais que teria de limpar em casa.

Simplifique sua casa. Não tenha tanta coisa em cada aposento que você se sinta confuso cada vez que entrar ali e tenha de dizer: "Como alguém pode viver nessa confusão?" Se você se encontrar lamentando sobre a forma como vive, comece fazendo algo a respeito. Você pode ter a alegria transformadora se simplificar sua vida diária.

Algumas pessoas complicam até mesmo o fato de jantar fora porque elas não decidem para onde ir. Não crie confusão sobre isso. Evite o "Devemos ir aqui? Devemos ir ali?" Eu mesma realmente tenho a tendência de complicar tal decisão se não for cuidadosa porque gosto do café de um restaurante, da salada de outro e da massa de um outro! E algumas vezes, realmente, gostaria de ter tudo ao mesmo tempo, mas tenho de escolher um lugar para ir.

A indecisão torna a vida complicada. Aprenda a tomar decisões a respeito de coisas simples. Apenas faça *algo*. Tome uma decisão e prossiga alegremente com suas atividades.

Esta parte do livro pode não lhe parecer profunda, mas aprender a aplicar a simplicidade em sua vida é algo poderoso. De fato, enquanto você pratica esses novos hábitos, peça a Deus que o lembre de levar uma vida simples.

Não tente fazer muito

Se você quer viver uma vida menos complicada, pode ter de simplificá-la não fazendo muitas coisas. A as pessoas que se sentem estressadas e frustradas têm se tornado assim porque tentam incluir muitas coisas na agenda delas.

Eu costumava me queixar, lamentar e murmurar sobre minha agenda dizendo: "Como alguém pode fazer tudo isso? Não tenho tempo para descansar. Não tenho férias". Deus, finalmente, me disse um dia: "Você faz sua agenda. Ninguém está mandando você fazer tudo isso. Se você não quer fazê-las, simplesmente pare com algumas dessas coisas".

Se você não quer fazer tudo o que planejou, sugiro que separe uma hora ou mais e escreva cada coisa que está fazendo ou que desejaria fazer. Em seguida, observe os eventos que não trazem nenhum fruto e exclua-os da sua lista. Muito provavelmente você descobrirá várias atividades que não são produtivas em sua vida porque há muito tempo Deus não quer mais que você as faça. E, então, porque você ainda permanece fazendo, talvez nunca tenha tempo para as outras coisas, tais como orar e passar tempo com Deus.

Não inclua coisas demais em sua agenda que façam com que sua vida pareça uma grande confusão, porque você não consegue parar entre um compromisso e outro. Faça algo a respeito disso. Você ficará esgotado se nunca tiver tempo para descansar. Você também ficará esgotado se nunca tiver tempo para rir ou ter alguma diversão.

Deus me disse: "Você é a única pessoa que pode fazer alguma coisa com relação ao seu excesso de atividades. Não sou Eu quem manda você fazer todo esse tipo de coisas".

Assim aprenda a dizer *não* a algumas coisas. Pratique dizer isto: "Não!" Cada vez que você o disser, vai se tornando mais fácil.

Aprenda a dizer *sim* para o que realmente é importante. Não seja como Marta, tornando-se ansioso e preocupado com muitas coisas. Escolha a melhor parte da vida e passe tempo usufruindo os momentos importantes.

Antes que eu aprendesse a simplificar minha vida, nunca tinha tempo para desfrutar minha casa e meus filhos. Eu os amava, mas realmente nunca separei tempo para *desfrutá-los*. Eu estava ocupada demais fazendo outras coisas que julgava mais importantes do que brincar com meus filhos.

Passe tempo com sua família. Passe tempo com seu cônjuge, seus filhos e seus netos. Passe tempo com amigos. Desfrute a presença de Deus. Muitas pessoas são ocupadas demais até mesmo para fazer uma caminhada. Passe um pouco de tempo contemplando alguma das coisas que Deus criou.

Aprender a simplificar sua vida é possivelmente um dos mais importantes princípios para aprender, porque Satanás quer roubar seu tempo. Ele rouba sua alegria ao fazer com que você fique ocupado demais para desfrutar tudo o que Deus lhe deu. Separe tempo para rir. Separe tempo para usufruir sua vida.

Simplesmente confie em Deus

Não complique sua vida ao tentar compreender o que está errado com seus amigos e membros da família que não concordam com você sobre tudo. Após muitos anos de casada, ainda não concordo com tudo o que Dave pensa. Mas encontrei alegria quando simplesmente parei de tentar compreender por que ele gosta tanto de assistir a esportes e de jogar golfe.

Você não pode realmente amar as pessoas até que desista de tentar transformá-las e passe a desfrutar a alegria de aceitá-las como são. Minha vida ficou realmente mais simples quando, finalmente, percebi que não podia mudar Dave.

Deus pode mudar alguém se Ele quiser fazê-lo, e se não o fizer é simplesmente porque Ele não quer. Assim, posso simplesmente confiar em Deus. Confiar é simples. Lançar seus cuidados sobre Ele é simples.

A mensagem da Bíblia é simples: amar a Deus e amar ao próximo. O evangelho é simples: Jesus nos ama, e sabemos disso. Por quê? Porque a Bíblia assim nos diz.

Mesmo o plano da salvação é simples: Jesus morreu por nós. Ele pagou o preço por nossos pecados. Como isso poderia ser mais simples?

É admirável como uma mensagem direta e simples pode transformar sua vida e trazer-lhe alegria.

A Bíblia nos diz em 1 Coríntios 1.21 que Deus *escolheu* mudar o mundo por meio da loucura da pregação.[1] A palavra loucura usada nesse versículo é definida na *Strong's Exhaustive Concordance* como "tolice, isto é, algo absurdo". Algumas vezes, parece absurdo que Deus tenha tornado possível a nós pregar o evangelho para dois terços do mundo todos os dias quando Ele poderia ter escolhido muitas outras formas para revelar seu plano de salvação. Mas Ele escolheu ungir a simples pregação da sua Palavra para ter pessoas salvas e livres de uma vida de escravidão.

Os crentes em Corinto tentaram complicar o evangelho, assim como várias pessoas hoje. O trecho de 2 Coríntios 11.3 diz: "Mas receio que, assim como a serpente enganou a Eva com a sua astúcia, assim também seja corrompida a vossa mente e se aparte da simplicidade e pureza devidas a Cristo".

Essencialmente, Paulo estava dizendo: "Tenho medo de que se vocês não forem cuidadosos Satanás tentará enganá-los para que sua mente seja corrompida e vocês percam a simplicidade de sua herança em Cristo Jesus".

Jesus veio para simplificar sua vida. Satanás quer complicar sua vida, mas Deus não é o autor da confusão. A Bíblia Amplificada traduz o interesse de Paulo desta forma: "Mas agora estou temeroso de que assim como a serpente enganou Eva com sua astúcia, suas mentes possam ser corrompidas e seduzidas, saindo da sinceridade, intensidade e pureza da devoção a Cristo". (2 Coríntios 11.3)

Há muitas pessoas na igreja que não seguem realmente a Deus de todo coração. A vida delas é uma grande confusão porque elas têm um pé no Reino de Deus e o outro no mundo.

Não há nada mais simples do que se tornar completamente devotado em seu relacionamento com Deus. Se você tentar seguir um estilo de vida dúbio, se você tentar ter a "mente aberta" para um grupo de amigos incrédulos e uma mente religiosa para seus irmãos da igreja, logo se sentirá dividido, porque você estará tentando viver de informa ambígua, caminhando em duas direções diferentes. A Bíblia diz que para servirmos a Deus temos de ser sinceros. Isso significa dizer: "Sirvo a Deus com todo meu coração. Essa é a única coisa que faço, vivo para servir a Cristo".

Há alguns anos, fomos a uma viagem missionária com um amigo e quando voltávamos ele disse: "Você percebeu que em toda a viagem você não falou de outra coisa a não ser sobre Jesus e a Palavra"?

Respondi: "Não, não percebi, mas não vou me desculpar". Estou bastante ocupada pregando o evangelho e nem mesmo estou consciente de que isso é tudo o que eu falo na maior parte do tempo. Toda minha família trabalha no ministério, e descobrimos que é difícil não falar sobre as questões relacionadas ao nosso trabalho quando estamos juntos. Amamos o que fazemos e somos completamente comprometidos com isso.

Não estou dizendo que seja errado falar sobre outras coisas desde que sejam coisas boas. Mas estou tentando afirmar que a vida é doce se simplesmente servirmos a Deus.

Deus não é um caminho secundário. Deus é o caminho principal. Muitas pessoas querem colocar seu compromisso de servir a Deus como algo secundário, mas querem colocar a obtenção de suas bênçãos como algo primordial. Precisamos nos lançar para servir a Deus com todo o nosso ser. Não devemos viver um estilo mundano metade do tempo e num estilo piedoso na outra metade. Não devemos ir trabalhar e rir de piadas sujas, fofocar sobre o chefe e sair por aí com pessoas que estão nos corrompendo. Devemos direcionar nossa mente para servir a Deus com todo nosso coração.

As pessoas que servem a Deus de todo coração podem viver de forma simples porque ela estão indo numa única direção: na direção de Deus.

Mantenha sua fé simples

No Antigo Testamento, os israelitas freqüentemente diziam: "Ouve, Israel, o Senhor, nosso Deus, é o único Senhor" (Deuteronômio 6.4).[2] Sempre me perguntei por que eles enfatizavam tanto essa declaração a respeito de Deus ser o único.

Então percebi que os pagãos eram enganados ao crer que havia um Deus para tudo. Já imaginou como isso devia ser complicado? Para ter um bebê, eles falavam com o Deus da fertilidade. Para sua plantação, eles falavam com o Deus da colheita. E todos esses diferentes deuses requeriam diferentes sacrifícios para a cura, a paz, ou para aquilo de que as pessoas precisassem.

Eles deviam viver ocupados demais correndo atrás de todos esses falsos deuses. Eis por que foi tão bom quando o único Deus verdadeiro revelou-se e lhes disse: "Eu posso fazer tudo isso. Tudo de que precisarem, vocês podem vir a mim".

O Senhor nosso Deus é o Único.

A Palavra *simples* significa "único"; "não misturado", "livre de complicações secundárias".[3] A palavra *puro* também significa "único"; "não misturado com outras matérias".[4]

Sempre que precisar de algo, posso ir ao único e puro Deus. Se eu precisar de paz, se precisar de justiça, se precisar de esperança, se precisar de alegria, se precisar de cura, se precisar de dinheiro, se precisar de socorro, seja o que for, simplesmente posso ir até o Único e verdadeiro Deus. Isso é algo simples e isso me liberta de complicação. O Senhor nosso Deus é o Único.

A mensagem de Jesus de que Ele veio para que pudéssemos ter e desfrutar nossa vida em abundância, até transbordar, é direcionada a nós neste século 21. Deus não pretendia que a vida fosse tão complicada como é hoje. Como Paulo disse: "... mas receio que... seja corrompida a vossa mente e se aparte da simplicidade e pureza devidas a Cristo". Simplesmente precisamos conhecer quem somos em Cristo. Precisamos saber que Deus tem um plano pessoal para cada um de nós.

Creio que Satanás usa o espírito da religiosidade contra a Igreja mais do que tudo para tentar remover o poder de Deus. A religião ensina você a tentar realizar muitas tarefas ao mesmo tempo, como ler a Bíblia, orar, confessar a palavra, jejuar, memorizar cânticos espirituais, fazer boas obras. Assim você pensa que está fazendo tudo certo, e então o diabo lhe faz uma nova exigência para que você a realize em sua rotina.

Decida não viver dessa forma nunca mais. Tentei fazer tudo isso tentando agradar a Deus, mas Ele não me pediu para fazer a maioria dessas coisas. Eu estava apenas seguindo as pessoas; pensava que deveria fazer o que elas estavam fazendo porque elas estavam sendo abençoadas.

Seguir as pessoas em vez de seguir a Deus é outra ferramenta que o diabo usa para nos distrair do plano simples que Deus tem para nossa vida. Eu vivia sob a tirania dos deveres e obrigações auto-impostos.

O espírito religioso traz legalismo em vez da liberdade. A religião trata somente sobre *o que devemos fazer*; o cristianismo trata daquilo que Jesus *já fez*. A vida fica complicada quando pensamos que sempre temos de fazer algo.

"O que preciso fazer? O que preciso fazer?"

E as pessoas dizem isto para Deus o tempo todo: "O que o Senhor quer que eu *faça*, Deus? O que o Senhor quer que eu faça?"

Ele quer que você creia no que Jesus já fez.

Contudo, o diabo continuará a gritar em seus ouvidos: "Bem, o que você vai fazer? O que você vai fazer?" Podemos ficar tão ocupados tentando pensar em formas de fazer Deus feliz que nunca desfrutaremos a vida que Ele nos deu.

Apenas peça a Deus

Apenas ore e peça a Deus: "Como posso simplificar minha vida? O que estou fazendo, Deus, que torna minha vida tão complicada"?

Pare de culpar o diabo por tudo e assuma um pouco mais de responsabilidade por sua própria vida. Deus lhe mostrará algumas formas para simplificar sua vida, mas você terá que desejar segui-las. Peça a Deus que lhe mostre as áreas de sua vida em que você pode se ter complicado e que poderiam ser mais simples e, então, retorne à simplicidade.

Uma manhã eu estava tentando me vestir, mas nada parecia "adequado", embora Deus tivesse me abençoado com muitas roupas bonitas. Eu escolhia um vestido e, então, o guardava de volta. Escolhia outro e o guardava de volta. Eu ia à frente do espelho e repetia todo o processo. Estava começando a ficar frustrada.

Então o Espírito Santo me disse: "Joyce, simplifique as coisas. Apenas coloque algo em seu corpo e pronto"!

Podemos ter tal hábito de complicar a vida que não conseguiremos, às vezes, nem mesmo nos vestir sem a ajuda divina! Peça a Deus que lhe revele áreas de indecisão que podem ter complicado sua vida e, então, utilize esse Guarda da Alegria da simplicidade para facilitar sua vida.

ORE DE FORMA SIMPLES

Quando digo "simplificar" sua vida de oração, não estou dizendo que você não deve orar freqüentemente, pois a Bíblia diz: "Orai sem cessar" (1 Tessalonicenses 5.17). Você precisa orar freqüentemente e precisa orar tanto quanto foi ungido para orar.

O que estou dizendo é que você pode complicar sua vida de oração a ponto de torná-la insustentável se tentar parecer muito eloqüente. Não tente impressionar a Deus. Apenas fale com Ele como seu amigo, diga-lhe o que está acontecendo. Seja sincero e realista. Não utilize formas religiosas. Deus sabe o que você precisa antes de orar.[5]

Tiago ensinou que não temos o que desejamos porque não pedimos a Deus:

> Cobiçais (invejais o que os outros têm) e nada tendes (seus desejos não são satisfeitos); (e assim) matais (já que o ódio é como o ato de matar em seus corações), e invejais (vocês ardem de inveja e ira), e nada podeis obter [a gratificação, contentamento e felicidade que vós buscais]; viveis a lutar e a fazer guerras. Nada tendes, porque não pedis. (Tiago 4.2)

Jesus ensinou que é simples sermos cheios de alegria. Ele disse: "Até agora nada tendes pedido em meu nome; pedi (e mantende-vos pedindo) e recebereis, para que a vossa alegria (satisfação, deleite) seja completa" (João 16.24).

Se você quer alegria em sua vida, simplesmente peça a Deus por isso.

8
Ladrão da Alegria nº 4: Racionalismo excessivo

Junto com as obras da carne, o legalismo, o fato complicarmos demais tudo e a atitude de racionalizar demais são coisas que roubam nossa alegria.

Racionalizar demais é algo que ocorre quando tentamos imaginar o "porquê" ou "como" por trás de algo. Quando racionalizamos excessivamente, nossa mente revolve-se cada vez com o problema enquanto tentamos compreendê-lo, o que causa um furacão de preocupações e confusão.

Se você quer ter alegria, deve parar de tentar imaginar como resolver tudo. Deve parar de revolver os problemas em sua mente. Você tem de desistir de ficar ansiosamente buscando uma resposta para sua situação, tentando descobrir o que deve fazer a respeito de tudo.

Lembro-me de uma vez na qual Dave e eu tivemos uma discussão. Dave é tranqüilo e supera as coisas rapidamente, mas, mesmo após o término da discussão, eu sempre tinha de pensar

Ladrão de Alegria nº 4: Racionalismo excessivo

por que tínhamos discutido a princípio. Sou o tipo de pessoa que deseja saber "por que" as coisas acontecem daquela forma.

Se você é como eu era, não desfrutará sua vida porque há muitas coisas que você nunca conseguirá entender. Você deve simplesmente deixar as coisas acontecerem. Deus sabe por que essas coisas acontecem, mas você não tem de saber. Você deve decidir prosseguir sem saber os detalhes. Se Deus quiser lhe dizer algo, Ele o fará. Mas não se exaspere tentando compreender as coisas.

Naquela noite, após Dave e eu termos discutido, para ele o assunto já estava resolvido. Nós nos reconciliamos e nos beijamos, e então Dave foi para a cama e dormiu profundamente. Mas eu fui para o escritório para "pensar a respeito".

Eu estava determinada a compreender por que discutimos. Então orei: "Deus, quero compreender o que acontece quando fazemos isso, porque não quero mais que isso aconteça. E tentarei pensar a respeito. Por que, Deus, por quê? O que fiz de errado? O que Dave fez de errado? Por que isso teve de acontecer"?

Eu estava simplesmente ficando mais frustrada. Não estava ouvindo a Deus. Não estava obtendo respostas. Estava prestes a entrar numa crise de frustração e finalmente, clamei: "Deus, o que devo fazer? O que devo fazer"?

E o Espírito Santo me disse: "Por que você simplesmente não tenta dormir"? Ele estava me mostrando como evitar a racionalização excessiva em minha vida.

Quando Jesus percebeu que seus discípulos estavam tentando resolver o que fazer por terem esquecido o restante do pão que alimentou a multidão, Ele lhes disse: "Por que discorreis entre vós, homens de pequena fé, sobre o não terdes pão"? (Mateus 16.8)

Passei muitos anos tentando resolver meus próprios problemas e, finalmente, descobri que não é a vontade de Deus que eu faça isso. Todos os meus esforços me tornavam frustrada, mais egocêntrica e mais egoísta. Eu me concentrava em mim mesma e esperava que todos o fizessem também. Eu procurava que outros fizessem por mim o que somente Deus podia fazer.

O Salmo 37.3 contém um segredo maravilhoso para resolver problemas: "Confia no Senhor e faze o bem". Fazer o bem aos outros é uma semente, e confiar em Deus é a forma como recebemos a colheita dessa semente.[1]

Outra coisa que a Bíblia nos ensina a fazer quando temos um problema é ter *bom ânimo*.[2] Em João 16.33, Jesus diz: "Estas coisas vos tenho dito para que tenhais paz em mim. No mundo, passais por aflições (tribulações, provas e frustrações); mas tende *bom ânimo*! [tende coragem, confiança, segurança, intrepidez]; eu venci o mundo [Privei o mundo do poder de derrotar-vos e o venci por vós]".

Andamos por aí imaginando soluções, preocupando-nos e perguntando "Por que, Deus, por quê"? e "Quando, Deus, quando"? porque queremos saber imediatamente a resposta, pois assim não precisaremos confiar em Deus. Queremos qualquer surpresa; queremos estar no controle porque temos medo de que as coisas não aconteçam da forma que desejamos. Esse desejo de estar no controle geralmente produz uma coisa: uma mente sobrecarregada com racionalização excessiva.

"Por que, Deus, por quê"? e "Quando, Deus, quando"? são duas frases que podem nos manter frustrados e nos impedir de desfrutar a vida que Jesus morreu para nos dar. Muitas vezes, não compreendemos o que Deus está fazendo, mas é isso que significa confiar. Ninguém nos disse que temos de saber tudo; ninguém nos disse que temos de compreender tudo. Precisamos nos satisfazer em conhecer Aquele que sabe tudo e compreende tudo. Precisamos aprender a confiar em Deus, e não em nós mesmos.

Ladrão de Alegria nº 4: Racionalismo excessivo

Você está confiando ou se preocupando?

Muitas vezes dizemos que estamos confiando em Deus, mas nossa mente está preocupada. Como os versículos seguintes confirmam, temos de confiar no Senhor não somente com nosso coração, mas também com nossa mente:

> Confia (apóia-te, e creia) no Senhor de todo o teu coração (e mente) e não te estribes no teu próprio entendimento (ou compreensão). Reconhece-o (e conhece-o) em todos os teus caminhos, e ele endireitará e (direcionará e aplainará) as tuas veredas (Provérbios 3.5-6).

O que você deixa sua mente fazer quando tem problemas? Tenta imaginar soluções em vez de levar os problemas às mãos poderosas de Deus?

Há a mente carnal, a qual gera o pensamento errado baseado em nossos próprios pensamentos e raciocínio. E há a mente do Espírito,[3] a qual gera o pensamento certo baseado na Palavra de Deus e no testemunho interior do Espírito Santo. Confusão, frustração e ansiedade são resultados de operarmos baseados na mente carnal. A alegria é fruto do Espírito e o resultado de seguir a direção do Espírito em oração e relacionamento com Deus.

Sue você opera na mente do Espírito, você pode ter "a paz de Deus, que excede todo entendimento"[4] e pode ter "alegria indizível" e ser "cheio de glória",[5] exatamente em meio às grandes provas e tribulações.

A paz que excede todo o entendimento e a *alegria indizível* são tipos de paz e alegria que não fazem qualquer sentido ao homem natural. Em outras palavras, quando você tem esse tipo de paz e de alegria interiormente, você é feliz sem ter qualquer razão particular para estar assim. Você é feliz simplesmente porque sabe quem Deus é e que Ele é capaz de *endireitar (aplainar) as tuas veredas* de uma forma muito mais abundantemente além do que tudo o que você possa pedir ou pensar.[6]

Você não tem de tentar imaginar como vai mudar a si mesmo ou a qualquer outra pessoa, e isso faz você feliz. Você não tem de se preocupar sobre o amanhã, e isso faz você feliz. Você não tem de se preocupar com o dia de ontem, e isso faz você feliz. Você não tem que saber como fazer tudo, e isso faz você feliz.

Tudo o que você precisa fazer é conhecer Aquele que sabe todas as coisas.

Tentar imaginar as coisas somente o desgastará. Mas, se você confiar em Deus pelas respostas, poderá entrar em Seu descanso.

Descanse sua mente

As Escrituras têm a chave para ter alegria em sua vida cada dia: Não sejas sábio aos teus próprios olhos; teme (reverentemente e adora) ao Senhor e aparta-te [inteiramente] do mal; será isto saúde para o teu corpo (nervos e tendões) e refrigério (tutano), para os teus ossos. (Provérbios 3.7-8)

Você tem de deixar de lado a atitude de tentar pensar em tudo e tem de desistir de ser sábio aos seus próprios olhos. Lembre-se, também, que em todos os teus caminhos você deve reconhecer ao Senhor, confiando nEle para dirigir seus passos. Ninguém é esperto o suficiente para resolver tudo nesta vida. Graças a Deus, não temos de fazê-lo. Tudo o que temos de fazer é nos desviar inteiramente do mal, e isso será saúde para nossa mente. Essa atitude envolve fazer escolhas corretas em obediência à Palavra de Deus.

Ladrão de Alegria nº 4: Racionalismo excessivo

Você pode estar dizendo: "Sou muito preocupado; precisaria de algum aconselhamento"? O que você realmente precisa simplesmente é parar de racionalizar e começar a descansar. Apenas pense sobre quanto a sua vida mudaria se você deixasse sua mente descansar.

Tenho aprendido a não me preocupar, mas, como tenho muitas coisas para resolver, muitas vezes me encontro pensando muito a respeito de algo. Quando isso acontece, tento fazer um intervalo para que minha mente possa descansar. Um dos meus passatempos favoritos à noite é simplesmente sentar-me por algumas horas e assistir a um bom filme ou a um filme antigo das décadas de 1940 ou 1950, algo que não seja pecaminoso. A razão para fazer isso é porque a parte da minha mente que gosta de racionalizar pode se aquietar. Também gosto de olhar algumas revistas ou catálogos. Isso me ajuda a afastar a mente de qualquer outra coisa.

É bom fazermos coisas que trazem descanso para nossa mente.

Se sua mente se agita o tempo todo, constantemente tentando resolver as coisas, você precisa deixar o Espírito Santo ajudá-lo a aquietar sua mente. Se você tem um problema que não pode resolver, em vez de ficar raciocinando a respeito, apenas pare e ore: "Senhor, não posso resolver isso. Não tenho uma resposta. Não sei o que fazer. Não compreendo o que o Senhor está fazendo nesta situação, mas confio em Ti".

Eis o que o povo de Deus fez quando percebeu que não tinha qualquer ajuda contra seus inimigos e não sabia o que fazer. Então o rei desse povo orou a Deus: "Porque em nós não há força para resistirmos a essa grande multidão que vem contra nós, e não sabemos nós o que fazer; porém os nossos olhos estão postos em ti". (2 Crônicas 20.12)

Posteriormente, no versículo 17, o Senhor lhes disse: "Neste encontro, não tereis de pelejar; tomai posição, *ficai parados* e vede o salvamento que o Senhor vos dará". (Grifo da autora)

Você tem somente duas opções na vida: pode tentar fazer tudo por si mesmo ou pode deixar Deus fazê-lo por você. Se você deixar Deus agir, não terá de ficar inquieto o tempo inteiro, tentando dissecar o assunto e imaginar o que fazer.

Vimos na passagem de Provérbios 3.7-8 que permitir a Deus ter total controle de nossa vida tem efeito positivo em nossa saúde. Penso que essa passagem fala sobre nossa saúde integral. Confiar em Deus em vez de tentar racionalizar e imaginar tudo nos tornará mais saudáveis no espírito, na alma e no corpo.

Confie em Deus

Jesus nos diz nos versículos seguintes que temos de ser frutíferos, mas também nos diz que sem Ele nada podemos fazer para produzir esse fruto. Note que Ele não disse que a frutificação depende do conhecimento humano:

> Permanecei em mim, e eu permanecerei em vós [Habitem em mim e eu habitarei em vós]. Como não pode o ramo produzir fruto de si mesmo, se não permanecer [se não estiver vitalmente unido] na videira, assim, nem vós o podeis dar, se não permanecerdes em mim.
>
> Eu sou a videira, vós, os ramos. Quem permanece em mim, e eu, nele, esse dá muito (abundante) fruto; porque sem mim [sem uma união vital comigo] nada podeis fazer. (João 15.4-5)

Ladrão de Alegria nº 4: Racionalismo excessivo

O apóstolo Paulo era um homem inteligente que possuía muito conhecimento. Ele era fariseu dos fariseus, instruído e culto. Além disso, antes que se convertesse na estrada de Damasco,[7] era muito orgulhoso pelo que sabia. Não é interessante que, algumas vezes, quanto mais as pessoas sabem, mais orgulhosas se tornam?

Em 1 Coríntios 8.1, Paulo disse que a letra mata, mas o amor (caridade) edifica. Se soubéssemos tudo o que achamos que deveríamos saber, não precisaríamos depender de Deus porque nos tornaríamos tão orgulhosos que concluiríamos que não precisamos mais dEle.

Lembre-se do que o Senhor nos diz: "Sem mim [sem uma união vital comigo] nada podeis fazer". Ele poderia ter dito desta forma: "Sem mim, não vou deixar que você faça nada". O nosso Deus é um Deus ciumento.[8] Ele quer ser o primeiro em nossa vida, quer que dependamos e necessitemos dEle. Eis por que Ele nos criou com fraquezas e não apenas com habilidades. Ele sabia que se não tivéssemos fraquezas ou incapacidades, se nunca falhássemos, nunca precisaríamos ir até Ele por qualquer motivo.

Nunca seremos inteiramente "completos", porque, se fôssemos assim, não precisaríamos de Deus.

Necessito desesperadamente de Deus. Se Ele não se mover por intermédio de mim, não poderei fazer nada que faça algum sentido ou tenha algum valor.

O Salmo 127.1 diz: "Se o Senhor não edificar a casa, em vão trabalham os que a edificam". Note que o salmista não diz que não poderemos edificar. Mas diz que aquilo será edificado *inutilmente*, significando que nunca trará qualquer bem aos que o edificam. Isso significa que não valerá coisa alguma. Nunca produzirá a desejada paz e alegria. De acordo com os comentários de Barnes da Bíblia,[2] esse versículo refere-se a colocar nossa "inteira dependência em Deus para o sucesso"[9] em tudo o que fizermos.

Mesmo se eu fosse capaz de edificar de forma bem-sucedida meu próprio ministério – o que eu não sou, graças a Deus –, Ele não teria permitido que essa edificação fosse verdadeiramente proveitosa. O ministério nunca teria realmente abençoado ou feito algum bem a alguém.

O ponto essencial é: se Deus não estiver nisso, não funcionará.

Paulo concluiu seu pensamento no versículo seguinte afirmando que ele resolveu não conhecer nada, a não ser Jesus Cristo e Este crucificado: "Porque decidi nada saber entre vós, senão a Jesus Cristo e este crucificado" (1 Coríntios 2.2). Creio que Paulo estava dizendo: "Tudo o que eu conheço é Cristo. Ele morreu por mim, ressuscitou dos mortos e está no controle. Ele está no controle, e não eu. Ele está do meu lado, e não tenho de saber de nada além disso".

Pense sobre quanta frustração você evitaria se desistisse de se preocupar e tentar resolver tudo e decidisse conhecer apenas a Jesus, como Paulo o fez.

Você está ponderando ou se preocupando?

Nesse ponto, você pode estar dizendo: "Mas nós não devemos ser ignorantes, nunca sabermos o que está acontecendo"!

Concordo. Como veremos na passagem abaixo, quando o anjo apareceu a Maria e falou-lhe sobre conceber e dar à luz ao prometido Messias, ela ponderou a respeito dessas coisas:

> Mas o anjo lhe disse: Maria, não temas; porque achaste graça diante de Deus. Eis que conceberás e darás à luz um filho, a quem chamarás pelo nome de Jesus. Este será grande e será chamado Filho do Altíssimo; Deus, o Senhor, lhe

dará o trono de Davi, seu pai; ele reinará para sempre sobre a casa de Jacó, e o seu reinado não terá fim.

Então, disse Maria: Aqui está a serva do Senhor; que se cumpra em mim conforme a tua palavra. E o anjo se ausentou dela. Maria, porém, guardava todas estas palavras, meditando-as no coração. (Lucas 1.30-33; 38; 2.19)

Enquanto Jesus crescia, embora Maria soubesse aquilo que Deus lhe dissera sobre Ele ser o Salvador do seu povo, ela realmente não compreendeu inteiramente, assim como os discípulos de Jesus não compreendiam tudo o que Ele lhes ensinava.[10]

Não creio que haja algo errado sobre ponderar a respeito de algumas coisas em nosso coração como Maria fazia. Muitas vezes, quando ponderamos e meditamos em algo é que Deus nos traz revelação e entendimento. Mas uma coisa é ponderar e outra coisa é preocupar-se.

Penso que quando ponderamos, num certo sentido, estamos orando. Estamos dizendo: "Senhor, não sei o que isso significa. Realmente não compreendi. Preciso de alguma direção". Isso é diferente de sentar-se tentando resolver tudo.

Você pode se perguntar: *Como posso saber quando deixei de ponderar e estou me preocupando?* Assim que você se sente confuso, deixou de ponderar e começou a racionalizar excessivamente. Eis um bom indicador para lembrar-se. Foi algo que Deus me ensinou.

A CONFUSÃO NÃO VEM DE DEUS

Eu estava conduzindo uma reunião em Kansas City, quando veio ao meu coração o desejo de perguntar aos do auditório quantos deles se sentiam confusos. Eram cerca de 300 pessoas que estavam ali e posso lhes dizer que 298 delas levantaram as mãos, e meu marido foi um daqueles que não levantou as mãos.

Posso lhes dizer que Dave nunca se sentiu confuso em sua vida porque ele não se preocupa. Ele não tenta resolver tudo. Ele não está interessado em ter todas as respostas para tudo porque ele confia em Deus.

Quando você confia em Deus, pode relaxar e desfrutar a vida. "Porque Deus não é de confusão, e sim de paz" (1 Coríntios 14.33). Você não tem de atravessar a vida se preocupando e tentando resolver todos seus problemas.

Pense em todas as coisas com as quais você se preocupou em sua vida e como elas se resolveram. Isso o ajudará a perceber que a preocupação ou o excesso de racionalização é um desperdício de tempo e energia.

Tenho quatro filhos adultos. É surpreendente quando olho para trás e vejo tudo o que enfrentei enquanto eles estavam crescendo: quando não tinham boas notas na escola, quando eu era chamada pelo diretor da escola por causa deles, quando as pessoas vinham se queixar sobre eles, quando parecia que eles nunca iriam querer trabalhar ou fazer qualquer coisa digna, ou nunca seriam capazes de cuidar de suas finanças.

Eu pensava: *Como eles vão cuidar da vida quando crescerem? Eles não sabem nem cuidar da mesada deles...*

Uma de minhas filhas não conseguia manter nada arrumado e nunca conseguia encontrar nada. Laura entrava pela casa e imediatamente jogava seu casaco, seus sapatos e suas chaves pelo caminho. Aquilo formava um rastro pela casa enquanto ela ia passando; entretanto, seu maior alvo na vida era ser esposa, mãe e dona de casa.

Eu pensava: *Você quer ser dona de casa, esposa e mãe, mas todas as manhãs tem de abrir um corredor entre suas coisas, jogadas pelo caminho, para poder sair de casa!*

Eu ficava furiosa, reclamava, ficava irada e gritava com ela. E nada disso parecia fazer a menor diferença. Isso não a mudou de forma alguma.

Hoje ela é uma mulher adulta com filhos e somos grandes amigas. Fazemos coisas juntas o tempo todo. E ela tem uma casa bonita e arrumada. Ela realmente foi bem-sucedida em seus alvos. Imagine! Deus a transformou!

Tenho também outra filha, Sandra, que agora me ajuda em meu ministério. Quando ela era pequena, eu pensava que ela iria me deixar louca porque era muito perfeccionista. Por exemplo, ela se sentava em seu quarto fazendo a tarefa de casa. Se ela cometesse um erro, rasgava a folha, atirava longe e começava de novo. Se lhe aparecesse uma espinha no rosto, ela fazia uma grande tempestade por causa disso e se maquiava tanto tentando esconder o problema que chamava mais atenção ainda. Com ela, cada fio de cabelo tinha de estar no lugar, o que realmente me irritava.

Uma filha me perturbava porque não queria fazer nada e a outra me perturbava porque queria fazer tudo.

Então há o meu filho mais jovem, que chamamos de "bebê", apesar ser adulto agora. Fiquei muito empolgada quando ele terminou o segundo grau. Sentia como se tivesse saído da prisão. Eu não o encorajei a cursar uma faculdade porque ele detestava a escola e ia muito mal, tão mal que Dave e eu pagávamos professores particulares para ele.

Lembro-me de ter pensado: *O que ele vai fazer na vida para se sustentar?* Mas Deus tinha um plano o tempo todo.

Descobrimos que nosso filho gosta de aprender pela prática. Após se formar no segundo grau, ele veio trabalhar conosco e dentro de curto período ele se tornou o gerente da área de mídia. Eu continuamente comento com Dave: "Você pode acreditar que ele está fazendo isso"?

Compartilho tais histórias com você para ajudá-lo a perceber que onde seus filhos estão agora não significa o lugar onde eles terminarão. Sua preocupação com eles somente ajuda a aumentar o problema, mas não traz a resposta.

Você não estava numa confusão quando era adolescente? Contudo, hoje você está lendo este livro buscando a Deus com todo seu coração. Assim, há esperança para seus filhos.

Pare de se preocupar. Pare de complicar sua vida e tentar imaginar a solução para tudo. Apenas admita que você não sabe das coisas, que não é capaz e que precisa de Deus. Então siga em frente e desfrute a vida enquanto Deus está lhe trazendo as respostas.

Ore e confie em Deus, Ele mostrará o que fazer no tempo certo. Ele o fará porque não é um Deus que falha com seus filhos.[11] Ele é um Deus fiel,[12] e sempre agirá.

A forma de vencer o Ladrão da Alegria do racionalismo excessivo é confiar na habilidade de Deus para cuidar de tudo o que nos diz respeito. O próximo Guarda da Alegria o ajudará a crescer nessa confiança.

9
Guarda da Alegria nº 4: Confie em Deus

~~~~

Você manterá sua alegria se permanecer crendo naquilo que você é em Cristo. Então sua confiança estará nEle, e não em sua própria habilidade para compreender tudo o que acontece.

O apóstolo Paulo nos diz para não colocar nossa esperança em nossa própria habilidade, mas em Cristo. Ele escreveu: "Porque nós [cristãos] é que somos a circuncisão, nós que adoramos a Deus no Espírito, e nos gloriamos (exultamos) em Cristo Jesus, e não confiamos (ou dependemos do que somos) na carne (privilégios materiais, vantagens físicas e aparência externa)". (Filipenses 3. 3)

Leva muito tempo para chegarmos a depositar toda nossa confiança em Cristo, e não em nós mesmos. Mas posso *finalmente* dizer que minha alegria não vêm por me sentir melhor comigo mesma, nem por aquilo que sou, pelo que visto, ou pelos meus dons naturais. Sou feliz porque tenho aprendido a olhar para Cristo e saber que tudo o que Ele me pedir para fazer e o que Ele me dirigir a fazer poderei fazer porque Ele me dará poder.

Você sabia que, seja qual for a situação em que você estiver, Deus lhe dará graça para estar ali? Se Ele lhe pediu algo, Ele lhe dará graça para isso. Assim, Paulo realmente estava dizendo: "Colocamos nossa confiança em Cristo e não em nossas próprias habilidades". Quando colocamos nossa confiança em nós mesmos, nos tornamos insensatos porque nossa carne é fraca, mas devemos ser totalmente dependentes da habilidade de Deus para nos guiar no caminho que devemos seguir.

Paulo escreveu:

> (E que eu possa realmente) ser achado (e conhecido como estando) *nele*, não tendo justiça própria, que procede (em minha obediência da) de lei (retidão ritualista e suposta posição reta diante de Deus adquirida por essa obediência), senão a [justiça genuína] que é mediante a fé em Cristo (o Ungido), a [verdadeira] justiça que procede de Deus, baseada na fé [salvadora]. (Filipenses 3.9, grifo da autora)

Essa declaração "em Cristo" ou "nEle" é repetida em todo o Novo Testamento e significa colocar nossa fé, nossa confiança e nossa dependência no Senhor.

A Palavra também diz: "Confia (apóia-te, creia) no Senhor de todo o teu coração (e mente) e não te estribes no teu próprio entendimento (e compreensão). Reconhece-o (conhece) em todos os teus caminhos, e ele endireitará (direcionará e aplainará) as tuas veredas" (Provérbios 3.5-6). Quando olhamos para Ele, tiramos os olhos de nós mesmos para aquilo que precisamos fazer e enfrentar.

Confiamos em Cristo para nossa alegria. Confiamos em Cristo para nossa paz. Nossa esperança está nEle.

Não há necessidade de nos preocuparmos ou de ficarmos pensando sobre *como* ou *quando* nosso problema será resolvido porque tudo o que precisamos está nEle.

Nossa confiança está em Cristo

Todos nós gostamos de ser bem-sucedidos e de ter uma boa reputação, mas nossa confiança não está em nossa própria justiça.

A Bíblia fala sobre dois tipos de justiça: a justiça que alguém consegue obter por seguir a lei ou por boas obras, a qual é a confiança que tentamos obter de forma natural; e a que está disponível a nós pela graça, e não por obras. É a justiça por intermédio de Cristo.

Paulo disse que ele queria ser encontrado e conhecido como alguém que está em Cristo, não tendo qualquer evidência de justiça própria, mas somente da justiça que apenas Cristo atribui. Paulo compreendeu que Deus cuidaria de tudo o que lhe dizia respeito porque ele era reto diante de Deus por meio de Cristo que habitava nele.

Em outras palavras, não temos de sentir que Deus está furioso conosco o tempo todo por causa de nossas fraquezas e falhas. Podemos vir diante do trono de Deus e orar *ousadamente*, porque estamos numa posição correta diante dEle por meio do nosso relacionamento com Jesus. Podemos ver nossas necessidades supridas enquanto estamos no processo de crescer espiritualmente.

Embora não compreendamos tudo o que está acontecendo ao nosso redor, podemos ainda orar com confiança. Mesmo quando fazemos algo insensato, podemos nos arrepender e ainda pedir a Deus que nos ajude. Podemos orar:

> *Pai, sei que esta confusão em que estou metido é por minha culpa. Não posso acusar ninguém a não ser eu mesmo, mas creio que sou Teu filho e que minha justiça não está em meu próprio bom desempenho, mas minha justiça diante de Ti está em Cristo. Venho, ousadamente, diante do trono e peço, em nome de Jesus, que Tu me ajudes a sair desta situação. Amém.*

Sofri muito tempo tentando merecer o direito de orar ousadamente, até aprender que não temos de colocar nossa confiança em nossa própria carne.

Paulo até enfatizou que devemos evitar pensar demasiadamente a respeito da nossa própria justiça. Ele disse que se alguém tem direito de orgulhar-se por seguir a lei e estar em posição correta com Deus, ele teria muito mais razão do que qualquer um.[1]

Paulo fez tudo o que sabia para seguir a lei de Deus, e era tão zeloso que até perseguiu aqueles que não obedeciam aos padrões da justiça. Mais tarde, porém, ele afirmou: "a mim, que, noutro tempo, era blasfemo, e perseguidor, e insolente. Mas obtive misericórdia, pois o fiz na ignorância, na incredulidade". (1 Timóteo 1.13)

A fé de Paulo para orar ousadamente vinha mediante a compreensão de que sua confiança estava apenas em Cristo. Ele compreendeu as palavras de Isaías de que "todas as nossas justiças (nossos melhores atos de justiça e retidão), (são) como trapo da imundícia; ... e as nossas iniqüidades, como um vento, nos arrebatam. (Isaías 64.6)

Uma vez que compreendeu quem ele era em Cristo, Paulo disse:

> Sim, deveras considero tudo como perda, por causa da sublimidade (a sobreexcelente preciosidade, a incomparável honra e o supremo privilégio) do conhecimento de Cristo Jesus, meu Senhor (de progressivamente me tornar mais profunda e intimamente familiarizado com Ele, percebendo-o, reconhecendo-o e compreendendo-o mais plena e claramente); por amor do qual perdi todas as coisas e as considero como refugo (lixo), para ganhar (conquistar) a Cristo (o Único), e (que eu possa) ser (realmente) achado e (conhecido como alguém que está) nele, *não tendo justiça própria (adquirida*

por mim mesmo), que procede de lei (que possa ser chamada minha, baseada em minha obediência às exigências da Lei, retidão ritualista e suposta posição correta diante de Deus assim adquirida), senão a que é *mediante a fé em Cristo, a (genuína) justiça que procede de Deus, baseada na fé*. (Filipenses 3.8-9, grifos da autora)

Paulo estava dizendo: "Certo, todas essas coisas, todo esse registro de boas obras, todos os anos seguindo a lei foram inúteis. Considero tudo isso como perda se comparado ao supremo privilégio de conhecer a Cristo Jesus e tornar-me mais profunda e intimamente familiarizado com Ele".

Se quisermos ter esta justiça, que somente Cristo pode nos dar, então temos de esquecer todas as razões pelas quais mereceríamos favores de Deus por causa do nosso próprio comportamento. Ainda devemos nos esforçar para fazer as coisas da forma certa, mas não pensarmos que conseguiremos que Deus nos ame por causa disso, porque Ele já nos ama. Nossas orações são respondidas por causa da justiça de Cristo, e não por causa da nossa própria justiça diante de Deus.

Não viajo de cidade em cidade para pregar o evangelho com o objetivo de ganhar pontos diante de Deus. Posso continuar a fazer reuniões até quando Jesus voltar; posso trabalhar, trabalhar, trabalhar e estar na televisão pelo mundo inteiro, mas não sou melhor aos olhos de Deus de que qualquer outra pessoa. Servir da forma que sirvo não me faz superior a qualquer outra pessoa na igreja que também segue a vontade de Deus em sua vida.

Estou fazendo a obra que faço porque fui ungida para isso, e tenho a graça para fazê-lo, e tudo que Deus requer de mim é que eu faça o que Ele me deu a graça para fazer. E tudo o que Ele requer de você é que você faça o que Ele lhe deu graça para fazer.

Busco viver minha vida pessoal da forma que ensino a todos. Não quero falar algo e não praticá-lo, mas sei que minha justiça não se baseia no fato de que faço o melhor que posso para viver da forma certa ou porque sou uma pregadora. Minha justiça está apenas em Cristo, e nenhuma quantidade de boas obras ou bom comportamento me faz justa diante de Deus.

A lei é perfeita e santa. Mas para *obter* a justiça pela lei, de forma que possamos orar ousadamente, temos de manter cada letra da lei de Deus, e nunca cometer um erro. Porque, se quebrarmos uma parte da lei, seremos culpados de quebrar toda a lei.[2]

Nunca merecemos uma posição correta diante de Deus por obediência à lei. Tentamos fazer as coisas boas porque amamos a Deus, mas não temos de fazê-las para conseguir que Deus nos ame. Ele nos amava mesmo antes de sermos salvos. A lei está disponível para nos ajudar a viver a vida corretamente; e devemos usá-la para disciplinar a nós mesmos, mas não obteremos favor diante de Deus ao tentar obedecer à lei. Nosso favor diante de Deus é baseado em nossa dependência e confiança em Cristo somente.

A resposta é encontrada em Cristo

Paulo explicou a maravilhosa segurança que temos quando nossa fé está em Cristo. Ele escreveu: "Agora, porém, [Cristo, o Messias] vos reconciliou [com Deus] no corpo da sua carne, mediante a sua morte, *para apresentar-vos perante ele [o Pai] santos, inculpáveis e irrepreensíveis*" (Colossenses 1.22, grifo da autora). Nossa alegria está em Cristo, e essa é a confiança que Deus quer que tenhamos todo dia.

Temos de ser cuidadosos para não crermos secretamente que o favor de Deus é baseado em nosso bom comportamento. Quando assumimos uma atitude de justiça própria, começamos a pensar que merecemos algo de Deus. Então, quando as tribulações ou dificuldades surgem em nossa vida, pensamos: *Como Deus pode permitir que isso aconteça comigo, após servi-lo por tantos anos?*

Você pode perceber como isso nos impede de ter alegria? Se, em nosso interior, acreditarmos secretamente que merecemos algo de Deus que não obtivemos, tornamo-nos ressentidos e, assim, não seremos ousados em nos aproximar dEle. Pelo contrário, entraremos num racionalismo excessivo tentando imaginar por que perdemos nossas bênçãos.

Bênçãos são roubadas, não perdidas. A Palavra claramente diz que o diabo é um ladrão que vem para nos roubar. Mantemos nossa alegria a despeito de qualquer perda porque nossa confiança está na promessa de que Deus cuidará de nós. Podemos permanecer alegres porque sabemos que não *perderemos* a provisão de Deus por causa das nossas imperfeições. Somos justos em Cristo. Ele é quem permanece constantemente numa posição correta diante de Deus em nosso favor. O autor de Hebreus 4.14-15 explica:

> Tendo, pois, a Jesus, o Filho de Deus, como grande sumo sacerdote que [já] penetrou os céus, conservemos firmes *a nossa confissão [de fé nele]*. Porque não temos sumo sacerdote que não possa compadecer-se (compreender e identificar-se com) das nossas fraquezas (e enfermidades e deficiências contra os ataques das tentações); antes, foi ele tentado em todas as coisas, à nossa semelhança, mas sem pecado. (Grifo da autora)

Já que nossa fé está em nosso Sumo Sacerdote, Jesus, e não na falsa esperança de que *merecemos* algo de Deus, devemos buscar as bênçãos de Deus por meio de uma oração ousada. O escritor de Hebreus 4.16-5.1, instrui:

Acheguemo-nos, portanto, confiadamente (sem temor e ousadamente) junto ao trono da graça (o trono do favor imerecido de Deus a nós, pecadores), *a fim de recebermos misericórdia [para nossas falhas] e acharmos graça para socorro em ocasião oportuna* (socorro apropriado e adequado, *vindo justamente quando precisamos dele)*. Porque todo sumo sacerdote, sendo tomado dentre os homens, é constituído nas coisas concernentes a Deus, a favor dos homens, para oferecer tanto dons como sacrifícios pelos pecados (Grifo da autora).

Paulo estava tentando dizer às pessoas que ele tinha todos as vantagens que alguém poderia ter. Ele tinha todas as razões para depender de si mesmo, mas sabia que as obras da carne não lhe dariam favor diante de Deus. A justiça própria não é do que precisamos, pois não podemos merecer o favor de Deus. Uma posição correta diante de Deus vem por intermédio da fé em Jesus Cristo.

A esperança de Paulo deveria ser também a nossa esperança:

Pois [meu firme propósito é] que eu possa conhecê-lo [que eu possa progressivamente tornar-me mais profunda e intimamente familiarizado com Ele, percebendo, reconhecendo e compreendendo as maravilhas de sua pessoa, mais forte e claramente], *e que eu possa da mesma forma vir a conhecer o poder que flui de sua ressurreição* [que é exercido sobre os crentes], de modo que possa assim compartilhar seus sofrimentos *para ser continuamente conformado [no espírito à sua própria semelhança]* à sua morte, [na esperança] de que seja possível alcançar a ressurreição [espiritual e moral] (que me levanta) dentre os mortos [*mesmo enquanto no corpo*]. Não que eu o tenha já recebido [este ideal] ou tenha já obtido a perfeição; mas prossigo para conquistar aquilo para o que também fui conquistado por Cristo Jesus (o Messias) (e que Ele já tornou meu) (Filipenses 3.10-12, grifo da autora).

Descanse em Deus

Em vez de termos grande confiança em nós mesmos, precisamos aprender a descansar em Deus. Nossa oração diária deveria ser: "Deus, preciso de Ti em tudo que eu fizer. Sem Ti, nada posso fazer".

Sempre preciso que Deus torne claro para mim qual mensagem compartilhar em minhas reuniões, mas algumas vezes parece que não O estou ouvindo. Em vez de me preocupar e ficar ansiosa, aprendi apenas a relaxar e confiar nEle. Em fé, simplesmente admito que Ele não está me mostrando o que fazer, e sei que não obterei respostas por meio de obras da carne. Assim paro de pensar sobre isso por um tempo e espero que Ele me responda no tempo dEle. Exige fé desistir de tentar planejar cada detalhe, e aprendi a deixar o assunto de lado e fazer qualquer outra coisa enquanto espero em Deus.

Freqüentemente, enquanto estou descansando, de repente ouço a resposta de Deus à minha pergunta. Em dez minutos tenho uma idéia completa de tudo o que Deus quer que eu fale. A vida é fácil e cheia de alegria quando dependemos dEle! Poderia ficar acordada metade da noite tentando elaborar um plano perfeito, mas não teria qualquer poder se Deus não estivesse nisso. Quando Deus nos mostra o caminho, fica fácil.

Deus sustenta todo o Universo. Tudo no mundo é apoiado e sustentado pelo poder da sua Palavra. Se Ele pode manter todas essas coisas, certamente também pode sustentar nossa vida. O Salmo 103.12-14 diz:

> Quanto dista o Oriente do Ocidente, assim afasta de nós as nossas transgressões. Como um pai se compadece de seus filhos, assim o Senhor se compadece dos que o temem (reverenciam e adoram). Pois ele conhece a nossa estrutura e sabe (está gravado em seu coração) que somos pó.

Deus remove tudo aquilo que nos torna injustos (nossas transgressões) e afasta isso de nós, assim como o Oriente está longe do Ocidente. Qual é a distância entre o Oriente e o Ocidente? Um longo caminho!

Deus conhece nossas fraquezas e Ele se lembra que somos pó. Exercemos mais pressão em nós mesmos do que o próprio Deus.

Quando meu filho era pequeno, ele decidiu fazer algo para me agradar. Pegou uma garrafa de água e foi à varanda. Algum tempo depois, ele se aproximou de mim e disse: "Mamãe, lavei as janelas para você". A varanda estava toda molhada. Ele estava molhado. As janelas estavam lambuzadas. Mas ele fez isso porque me amava.

Deus me lembrou isso em certa ocasião. Ele disse: "Você se lembra do que fez em seguida? Você mandou seu filho tomar um banho e, então, limpou toda a confusão enquanto ele não estava olhando". Deus mostrou-me que Ele faz o mesmo conosco.

Ele está consciente das nossas imperfeições e recebe o que nós fazemos por amor a Ele. Ele limpa nossos rastros, conserta nossa confusão e esconde isso de nós para que nem percebamos a confusão que fizemos. Ele faz isso porque estamos em Cristo, Cristo está nEle e Ele está em nós.

Jesus explicou isso desta forma:

> Não vos deixarei órfãos [desconsolados, desolados, abandonados, desamparados], voltarei para vós outros. Ainda por um pouco, e o mundo não me verá mais; vós, porém, me vereis; porque eu vivo, vós também vivereis. Naquele dia, vós conhecereis [por vós mesmos] *que eu estou em meu Pai, e vós, em mim, e eu, em vós.* (João 14.18-20, grifo da autora)

Se Deus perguntasse "Por que Eu deixaria você ir para o céu?", a resposta certa seria: "Porque estou em Cristo". Se Deus perguntasse "Porque devo responder às suas orações?", a resposta certa seria: "Porque estou em Cristo". Se Deus perguntasse "Porque devo ajudar você?", a única resposta certa seria: "Porque estou em Cristo".

Jesus quer que nos dirijamos *ousada, confiante e corajosamente* ao Pai pedindo misericórdia por nossas falhas e graça para cada necessidade que tenhamos. Ele compreende nossas fraquezas e faltas. Ele compreende que não iremos manifestar a perfeição a cada dia. Podemos pedir a Deus que nos perdoe pelos erros que cometemos e, então, chegarmos confiantemente diante do trono para Lhe pedir que supra nossas necessidades.

Peça, para que sua alegria seja completa

Jesus disse: "Até agora nada tendes pedido em meu nome [apresentando tudo o que EU SOU]; (mas agora) pedi (mantende-vos pedindo) e recebereis, *para que a vossa alegria (satisfação, deleite) seja (plena e) completa*". (João 16.24, grifo da autora)

Creio que existem pessoas que não recebem de Deus o que Ele deseja lhes dar porque não Lhe pedem ousadamente. Elas fazem pedidos vacilantes, sem fé. Tenho visto pessoas virem à frente para receber oração e dizer: "Há algum problema se eu pedir duas coisas?" Essa incerteza é triste para mim porque Jesus claramente nos disse para pedir de forma que a nossa alegria seja completa.

Orar ousadamente é dizer: "Deus, estou bem aqui diante do Teu trono. Vim pedir tudo aquilo que o Senhor sabe de que preciso e tudo o que o Senhor quer me dar. Não por causa da ganância, mas porque aprendi a ser ousado como Tu disseste que eu deveria ser".

Quero tudo que Deus quer me dar nas áreas espiritual, emocional, financeira, física e mental. Certamente não oro porque penso que *sou* digna. Sei o que sou e o que não sou, mas também sei quem Ele é e sei que minha confiança não está em mim mesma, mas está nEle.

Minha alegria não vem por ter as coisas que o Senhor me dá, mas por amá-Lo intimamente e saber que Ele me quer totalmente dependente dEle para tudo de que eu precisar. Levanto-me cada dia e faço o melhor que posso, e sei que não sofrerei privação, mas receberei o que Jesus morreu para me dar.

Por exemplo, alguns anos atrás, aproximei-me de Deus e fiz uma oração ousada que soou de forma estranha até mesmo para mim. Orei "Deus, peço que Tu deixes ajudar cada pessoa na face da terra".

Minha mente disse: *Bem, agora você pediu algo estúpido!* Mas eu me mantive orando dessa forma e nosso ministério na TV tem se expandido grandemente desde que orei assim. Tem sido uma megaexpansão. Uma estação que adquirimos após tal oração aumentou nossa cobertura para 600 milhões de pessoas somente na Índia.

Não sei *como* Deus vai me deixar ajudar cada pessoa na face da Terra, mas prefiro pedir muito e receber uma parte disso do que pedir pouco e receber tudo. A Bíblia diz que nós não temos porque não pedimos.[3]

Pratique este Guarda da Alegria de ser confiante em Deus ao enfrentar novas provações. Da próxima vez que você for tentado a ficar ansioso, lembre-se de que a preocupação roubará sua alegria.

Não deixe que as provações o levem a preocupar-se enquanto você passa muito tempo raciocinando como vai resolver as coisas. Tiago disse: "Meus irmãos, tende por motivo de toda alegria o passardes por várias provações" (Tiago 1.2). Ele explicou que as provações testam nossa fé e trazem perseverança, firmeza e paciência. Ele também disse para deixar as provações fazerem uma obra completa em nós e para pedirmos a Deus sabedoria. Tiago disse que Deus dará sabedoria sem nos reprovar ou nos acusar.

Seja ousado (confiante em Deus) quando orar, não seja de ânimo dobre ao pedir as bênçãos de Deus. Não pense: *Eu me pergunto se sou justo o suficiente para Deus conceder minha petição.* Apenas peça aquilo de que precisa, de forma ousada e com fé, sem vacilar, hesitar, duvidar, sabendo que sua justiça está em Cristo.

No capítulo 1, versículo 12, Tiago escreve: "Bem-aventurado (feliz, afortunado) o homem que suporta, com perseverança, a provação (paciente durante a tribulação e firme durante a tentação); porque, depois de ter sido aprovado, receberá a (vitoriosa) coroa da vida, a qual o Senhor prometeu aos que o amam". Em outras palavras, as provações não devem produzir o racionalismo excessivo que roubem nossa alegria.

Podemos ter confiança de que as provações não vêm somente porque agimos mal. As provações produzem oportunidades para recebermos a coroa da vitória, e assim as consideremos com alegria.

No capítulo seguinte, compartilharei com você as coisas que aprendi sobre o Ladrão da Alegria da ira e como controlá-lo. Oro para que você reconheça se você tem um problema com a ira e, se o tiver, apreenda com o próximo Guarda da Alegria e confie em Deus para ajudá-lo a vencer isso.

10
Ladrão da Alegria nº 5: Ira impiedosa

~~~~

A ira é uma emoção freqüentemente caracterizada por grande desprazer, indignação, hostilidade, raiva e vingança. Muitas vezes, a ira é como expressamos nossa insatisfação diante da vida. É fruto de raízes podres, e isso roubará nossa alegria.

Algumas raízes que levam à ira incluem a insegurança, o medo da confrontação e um sentimento de ser controlado por um trabalho ou por outras pessoas e seus problemas. Uma das primárias raízes da ira freqüentemente vem da própria família. Pessoas iradas procedem de uma família irada porque aprenderam pelos exemplos a perpetuar o mesmo comportamento na própria vida, e finalmente passarão isso a seus filhos.

Se você tem ira em seu coração ou em sua casa, não se sinta condenado. Sempre haverá coisas que podem nos deixar irados. De fato, Deus nos equipou com o sentimento e emoção da ira por uma razão.

Quando mantida em equilíbrio, a emoção da ira serve a um bom propósito. Se não fôssemos capazes de nos tornar irados, nunca saberíamos quando alguém nos maltrata. Eis o propósito da ira: como a dor, ela nos alerta de que algo não está certo.

Nossa tarefa não é tanto nos livrarmos da ira, mas saber como lidar com ela. A Palavra de Deus nos ensina a maneira apropriada de lidar com esta emoção: Irai-vos e não pequeis; não se ponha o sol sobre a vossa ira (sua fúria, indignação ou exasperação). (Efésios 4.26)

Minha família é bastante unida, e desfrutamos nosso relacionamento e o fato de estarmos sempre juntos, mas nem sempre foi dessa forma. Houve uma época em que nossa casa era cheia de ira e conflitos, amargura e falta de perdão. Graças a Deus, aprendemos há muito tempo como lidar com essas emoções negativas, e o resultado tem sido as tremendas bênçãos de Deus.

Se você quer as coisas grandes e poderosas que Deus tem para você, então deve ir à raiz da sua ira e lidar com isso. Deus quer abençoá-lo, mas a ira abre a porta para o diabo tentar deter essas bênçãos e impedi-lo de realizar a vontade de Deus em sua vida.

Seja alegre e não irado

Você já pensou quão difícil é ser irado e alegre ao mesmo tempo? Ou você está satisfeito ou está indignado.

A ira é um forte sentimento que as pessoas freqüentemente ficam desconfortáveis em falar a respeito. Realmente, é uma das nossas paixões mais fortes. Ela começa com um sentimento e, então, se manifesta em palavras e atitudes. A ira é uma emoção que todos nós experimentamos, e algumas vezes ficamos irados rápida e facilmente. Mas o sentimento da ira não é pecado, é o que fazemos com isso que é importante.

Deus não nos disse para não nos irarmos, mas Ele nos diz o que fazer com essa ira. Efésios 4.26 nos dá uma boa idéia de como é importante não *permanecermos* irados: "Irai-vos e não pequeis". O que isso significa? Isso quer dizer que quando você experimenta a emoção da ira não deve agir baseado em seus sentimentos. Não seja guiado ou motivado por eles. Não diga o que você gostaria de dizer nem faça o que gostaria de fazer porque isso causará problemas em sua vida.

Você pode estar pensando: *Mas não posso fazer nada a respeito; sou irado.*

É importante compreender algo sobre as emoções: aquilo que sobe de maneira efervescente também desce e se aquieta. As emoções são volúveis, e o que o aborrece hoje pode parecer bastante diferente amanhã. Espere que as emoções se aquietem e, então, decida o que você deve fazer.

Dave tem uma filosofia que ele costumava compartilhar comigo quando eu ficava irada. Eu achava que sua idéia iria me deixar louca; mas agora compreendo. Ele me dizia: "Para que você quer permanecer furiosa comigo se daqui a uma semana, nesta mesma hora, você estará conversando comigo novamente como se nada tivesse acontecido? Assim, por que não deixa isso para lá agora mesmo?"

Isso era verdade.

Sua filosofia é: "Se você vai estar amistosa comigo na próxima semana, por que perder dois ou três dias permanecendo furiosa agora? Deixe disso e sejamos amigos agora mesmo".

Por que eu não podia fazer isso? Porque me sentia irada e agia baseada em meus sentimentos. Mas depois de alguns dias esses sentimentos mudavam.

Deus é o defensor dos nossos direitos

As pessoas, de forma compreensível, se tornam iradas com a injustiça, mas devemos aprender que Deus é Aquele que defende nossos direitos. Tentar lutar por nossos direitos com nossa própria força somente causa sofrimento sobre sofrimento.

Posso testificar que isso é verdade. Fui sexualmente abusada por muitos anos e enfrentei muitas outras injustiças também. Eu era irada, amarga e ressentida. Eu vivia aborrecida e não conseguia manter bons relacionamentos. Defender meus próprios direitos somente continuava a arruinar minha vida, mas quando, finalmente, me voltei para o Senhor inteiramente, Ele me deu uma recompensa inigualável por causa do sofrimento do meu passado. Sua Palavra provou ser verdadeira em minha vida:

> Em lugar da vossa vergonha [anterior], tereis dupla honra; em lugar da afronta (e desonra), exultareis na vossa herança; por isso, na vossa terra possuireis o dobro [que tínheis perdido] e tereis perpétua alegria (Isaías 61.7).

Se você e eu aprendermos a nos irar sem pecar, então realmente permitiremos que aquilo que nos leva a ficarmos irados edifique um bom caráter em nosso interior.

Estou bastante certa de que existem algumas coisas que iram a Deus e, contudo, Ele não age baseado em sua ira. Eis por que Ele nos diz: "Irai-vos e não pequeis; não se ponha o sol sobre a vossa ira (sua fúria, indignação ou exasperação)". (Efésios 4.26)

Agora não sei quanto a você, mas o que me agrada nesse versículo é que traz uma direção a seguir para lidar com a ira: livre-se da ira antes de adormecer. Só há um problema: e quando nos tornamos furiosos justamente antes de deitarmos?

Se ficarmos irados pela manhã, ao menos teremos todo o dia para superar isso. Mas quando nos tornamos furiosos perto da hora de nos deitar, temos de tomar uma decisão rápida.

Por que é importante não adormecermos irados? Penso que é porque, enquanto dormimos, aquilo que nos deixa irados terá tempo para permanecer em nós e criar raízes. Mas a Palavra diz: "Nem deis lugar (ou espaço) ao diabo [não dê qualquer oportunidade a ele]" (Efésios 4.27). Esse versículo nos diz o que acontece se nos recusarmos a superar a ira no momento de adormecer: isso abre a porta para o diabo, e lhe dá espaço para agir. Uma vez que Satanás consegue espaço em nossa vida, então ele pode construir uma fortaleza.

Toda a ira, a despeito da sua causa, tem o mesmo efeito em nossa vida. Isso nos perturba, levando-nos à pressão. Essa é uma forma que Satanás usa para roubar nossa alegria. Manter a ira silenciosamente em nosso interior e fingir que ela não existe pode ser perigoso até mesmo para nossa saúde. Isso geralmente não perturba a pessoa que nos provocou a ira; simplesmente machuca a nós mesmos.

Você pode perguntar: *Bem, se eu estou furioso, o que eu devo fazer?* Supere isso!

Pense sobre todas as pessoas que o fizeram sentir-se irado. Pense alguma coisa que o deixe alegre. Deixe sua alegria superar sua fúria. Deixe sua alegria vencer essa tristeza.

Você pode estar pensando: *É fácil você dizer isso, mas você não está na minha situação.*

Posso não estar na sua situação, mas você também não está na minha. Todos nós enfrentamos situações diferentes. Se você quer viver uma vida vitoriosa e alegre, tem de fazer isso por meio de uma decisão, e não de sentimentos.

Em Deuteronômio 30.19, o Senhor nos diz: "Os céus e a terra tomo, hoje, por testemunhas contra ti, que te propus a vida e a morte, a bênção e a maldição; escolhe, pois, a vida, para que vivas". Escolha a vida ao rejeitar dar lugar à ira. Assuma a responsabilidade por sua ira e aprenda a lidar com ela, processe isso e encerre a questão. Isso aliviará a pressão que você está sentindo.

Fale consigo mesmo

Uma forma de vocês superar a ira é falar consigo mesmo. Você pode falar consigo mesmo e ficar irado e/ou pode falar consigo mesmo para deixar a ira.

Por exemplo, um marido faz algo que fere sua esposa, e ela se senta e conversa consigo mesma a respeito disso: "Simplesmente estou cansada de ser tratada desse jeito. Não penso que isso esteja certo. Faço tudo por ele, e ele não faz nada por mim. Ele nunca me ajuda no serviço da casa. Ele nunca se lembra de meu aniversário ou do aniversário de nosso casamento. Ele nunca pensa em alguém além de si mesmo. É isso que tenho agüentado. Se ele pensa que vou suportar isso, terá uma surpresa".

Antes que ela perceba, já está incontrolavelmente furiosa. Isso pode ter acontecido por algo pequeno que nem significa tanto.

Você já falou consigo mesmo até ficar irado porque alguém o maltratou ou foi rude com você ou fez algo de que você não tenha gostado? Você pode falar consigo mesmo para deixar o estado da ira. Apenas, desligue-se por alguns momentos daquilo que o deixou furioso e comece a falar consigo mesmo de outra forma.

Você poderia dizer a si mesmo: "Certo, apenas acalme-se. Isso é apenas o diabo tentando perturbá-lo. Não lhe dê espaço. Há muito a perder aqui. Não fique furioso, nem perca seu equilíbrio e diga uma série de coisas pelas quais se lamentará mais tarde. Perceba a fonte disso tudo".

Lembre-se de que Satanás é a fonte da sua ira; ele é o verdadeiro inimigo e não qualquer outra pessoa.

Efésios 5.15-17 nos ensina a viver de forma determinada e fazer o melhor em cada oportunidade para alcançar o que é a vontade de Deus para nós. A Palavra diz: "E não vos embriagueis com vinho, no qual há dissolução, mas enchei-vos do Espírito, falando entre vós com salmos, entoando e louvando de coração ao Senhor com hinos e cânticos espirituais" (Efésios 5.18-19). Creio que todos nós necessitamos pregar alguns pequenos sermões para nós mesmos, às vezes.

Tenho de recuar quando sinto que estou me envolvendo com algo que me deixa irritada, especialmente quando isso não diz respeito diretamente a mim. Digo a mim mesma: "Sabe, Joyce, isso realmente não lhe diz respeito. Por que você não deixa isso pra lá? O que essas pessoas estão fazendo não é da sua conta".

Aprenda a falar consigo mesmo dessa forma. Aprenda dizer a si mesmo: "Não é da sua conta".

Você está ouvindo?

Deveríamos ouvir mais do que falar. De outra forma, teríamos sido criados com duas bocas e um ouvido. Pense como seria engraçado se fôssemos assim.

Há uma lição no versículo seguinte:

> Sabeis estas coisas, meus amados irmãos. Todo homem, pois, seja pronto para ouvir, tardio para falar, tardio para se irar (e se ofender). Porque a ira do homem não produz a justiça (os desejos e ordenanças) de Deus. (Tiago 1.19-20)

Nesses versículos, Deus está nos dizendo: "Ouça mais do que fale. E seja lento em ofender-se e em irar-se porque a ofensa e a ira não promovem minha justiça".[4]

Se você tem um temperamento explosivo, deve fazer algo a respeito. Leia tudo o que puder sobre a ira.[5] Se necessário, jejue e ore até que você vença esse sentimento. Se você não puder controlar seu próprio espírito, nunca será capaz de desfrutar sua vida.

Assuma o controle de sua ira

"Melhor é o longânimo do que o herói da guerra, e o que domina o seu espírito, do que o que toma uma cidade" (Provérbios 16.32). Esse versículo ilustra o poder de controlar sua própria ira. Para fazer isso, precisamos ser capazes de controlar nossa boca. Precisamos ser capazes de controlar nossos pensamentos, controlar nossas paixões, nossas emoções e nosso temperamento. Deus nos deu domínio próprio.

Muitas pessoas nem mesmo sabem que isso é uma decisão. Quando comecei a estudar a Bíblia, eu também não sabia. Eu pensava que a maneira como me sentia ditava minhas ações. Quando ficava irritada, simplesmente esperava até que o sentimento decidisse ir embora, em vez de me recusar a permitir que isso roubasse minha alegria e me controlasse. Algumas vezes, precisava de alguns dias e até algumas semanas antes que minha ira dissipasse.

Agora sei que posso decidir vencer minha ira. Posso falar comigo mesma, orar e pedir a Deus que me ajude, dando-me graça e força.[6]

Não precisamos deixar a ira impedir a ação de Deus em nossa vida.

Como crentes, somos equipados com o poder de Deus para caminhar no fruto do Espírito,[7] amar as pessoas que não são amáveis, perdoar àqueles que nos ferem e permanecer estáveis a despeito de nossas circunstâncias. Com a ajuda de Deus, podemos tomar a decisão para fazer o que é certo. Quando fazemos o que é certo, muitas coisas certas acontecem em nossa vida. A ação correta traz o fruto correto. A ação errada traz o fruto errado. A ira não promove a justiça que Deus deseja, mas, ao controlá-la, abrimos espaço para Deus agir.

Seja como Deus

Você pensa que Deus está sentado hoje nos céus sentindo-se irado, deprimido e reclamando? Não, esta não é a natureza de Deus. Deus é alegre. Ele é forte porque Ele é alegre. E a Bíblia ensina que a alegria do Senhor é a nossa força.[8]

Outro princípio que podemos aprender na Bíblia é que devemos ser imitadores de Deus.[9] Assim como Deus é, devemos ser. *Clarke's Comentarary* descreve Deus como "santo, justo, sábio, bom, e perfeito", e acrescenta: "Assim deve ser a alma que procede dele".[10]

Podemos ter uma boa idéia dos atributos de Deus ao olharmos atentamente para os seguintes versículos:

> O Senhor é misericordioso (e gracioso) e compassivo; longânimo (lento em irar-se) e assaz benigno. Não repreende perpetuamente, nem conserva para sempre a sua ira (ou guarda ressentimentos). Não nos trata segundo os nossos pecados, nem nos retribui consoante as nossas iniqüidades. Pois quanto o céu se alteia acima da terra, assim é grande a sua misericórdia para com os que (com reverência e adoração) o temem. Quanto dista o Oriente do Ocidente, assim afasta de nós as nossas transgressões (Salmos 103.8-12)

Ladrão de Alegria n° 5: Ira impiedosa

Observe o versículo 8 novamente: "O Senhor é misericordioso (e gracioso) e compassivo; longânimo (lento em irar-se) e assaz benigno".

Se você se torna irado com alguém por causa de uma injustiça, uma forma de vencer isso é imitar a Deus e escolher conceder misericórdia a essa pessoa. Apenas pense: *Eu vou dar a você algo que você não merece. Eu vou deixar passar aquilo que você fez comigo. Vou abençoá-lo, e nesse processo serei abençoado.*

Mostrar misericórdia aos outros é sábio porque freqüentemente precisamos também de misericórdia. Lembre-se: se você semear misericórdia, colherá misericórdia.[11]

Há algum tempo estive pensando sobre a frase que as pessoas dizem: "Errar é humano, perdoar é divino".[12] Isso é verdade. Quando perdoamos uma ofensa, isso é uma coisa divina. Perdoar é uma habilidade que Deus tem, e Ele nos dá essa habilidade se quisermos e a praticarmos.

O Salmo 103.9 continua: "Não repreende perpetuamente, nem conserva para sempre a sua ira (ou guarda ressentimentos)". Vemos nesse versículo que mesmo Deus tem uma ira justa, a ira contra o pecado, contra a injustiça, contra a rebelião e a mesquinhez.

Você não fica aliviado por saber que, mesmo que nós o façamos ficar furioso, Deus não permanece furioso e não guarda ressentimentos? Deus quer que procedamos da mesma forma. O que nós recebemos dEle, Ele espera que demos a outros. Deus nunca espera que possamos dar algo que Ele não tenha nos dado primeiro. Mas, o que Ele nos dá, espera que também possamos dar às outras pessoas.

Deus lhe dá seu perdão e espera que você também perdoe. Ele lhe dá sua misericórdia e espera que você faça o mesmo. Ele não permanece irado com você e espera que você não permaneça irado com outras pessoas. Ele é lento em irar-se e espera que você seja lento em irar-se também.

Você e eu podemos ser semelhantes a Deus porque seu caráter está em nós.[13] Mas devemos progredir nisso porque, de outra forma, o diabo injetará seus pensamentos em nossa mente: *Você não pode ser como Deus. Você não pode ser misericordioso e gracioso, lento em irar-se, cheio de misericórdia e bondade. Você não pode perdoar.*

Eis por que devemos ler a Bíblia e nos encher com a Palavra regularmente. Sei por experiência pessoal que a Palavra de Deus muda as pessoas porque me mudou completamente, e fará o mesmo por você. Ela deve ser aprendida e aplicada em nossa vida diária. De outra forma, ouviremos o diabo, acreditaremos em suas mentiras e pensaremos: *Isso é verdade. Eu não posso ser assim, ninguém pode ser como Deus. Não posso fazer nada se sou uma pessoa irada. Não posso fazer nada se sou contencioso, permaneço irado e guardo ressentimentos. No posso fazer nada se sinto ira e ressentimento pelas pessoas.*

Sim, você pode. Esse tipo de pensamento é uma desculpa que nos mantém em escravidão. Esse padrão errado de pensamento pode nos impedir de terminar nossa carreira com alegria.[14] A verdade é que a ira envenenará a sua alegria se você não fizer nada a respeito. A ira é uma emoção negativa que respira morte sempre que for permitido que ela permaneça. Mas podemos receber a ajuda de Deus por intermédio de seu Filho, Jesus, e de sua Palavra, e sermos totalmente livres.

SEJA LIBERTO DA IRA

Considere os seguintes versículos: "Deixa a ira, abandona o furor; não te impacientes; certamente, isso acabará mal. Porque os malfeitores serão exterminados, mas os que esperam no Senhor possuirão a terra". (Salmos 37.8-9)

Ladrão de Alegria n° 5: Ira impiedosa

Se você possui um temperamento explosivo ou fica furioso rápida e facilmente, não importa o que cause a sua ira, eu o encorajo a enfrentar isso, assumir a responsabilidade pelo fato e lidar com isso de forma apropriada, começando com uma oração.

De fato, sinto que o Senhor quer que eu pare agora e faça uma oração por você para ajudá-lo a impedir que a ira destrua o plano maravilhoso que Ele tem para sua vida. Vamos orar agora mesmo:

> *Pai, oro por essa pessoa que está lendo este livro e tem um temperamento explosivo, fica ofendida facilmente ou se ira freqüentemente. Quando fica irada, não sabe abandonar a ira facilmente. Então, oro a Ti para que Tu possas fazer uma obra poderosa em sua vida. Oro para que ela possa ouvir Tua voz falando em seu coração e dizendo: 'Aprenda nesta área. Ganhe vitória nesta área'.*
>
> *Pai, sei que há muitas coisas grandes e maravilhosas que Tu queres fazer nesta vida por intermédio dela e por ela. Mas essa área precisa ser resolvida.*
>
> *Agradeço a Ti, Pai, por quebrares essa cadeia de escravidão da ira que estava fora do controle e lhe dar sua graça e misericórdia. Em nome de Jesus é que oro. Amém.*

Uma vez que o Ladrão da Alegria da ira é confrontado em sua vida, encha seu coração com o perdão àqueles que o ofendem. O próximo capítulo o encorajará com aquilo que Deus diz sobre o Guarda da Alegria do perdão.

11

Guarda da Alegria nº 5: Seja rápido para perdoar

A alegria é restaurada em sua vida quando você aprende como perdoar e esquecer, e essas duas virtudes andam juntas. Deus nos disse que Ele perdoa nossos pecados e os afasta de nós como o Oriente se afasta do Ocidente,[1] e *não se lembra mais deles*.[2]

Freqüentemente, tentamos perdoar às pessoas, mas o perdão não pode completar sua obra redentora porque queremos nos lembrar do que fizeram a nós. Continuamos a pensar e a falar a respeito disso. Lembrar de uma ofensa passada reabre a ferida e alimenta a ira; e a ira, por sua vez, alimenta a falta de perdão.

Certa vez, uma senhora compartilhou comigo como Deus lhe ensinou uma valiosa lição por meio de sua experiência de perdoar ao seu filho. Seu filho a tinha desapontado e ferido de muitas formas. Sendo uma mulher temente a Deus, ela um dia percebeu que tinha de perdoar-lhe, e finalmente sentiu-se capaz de fazê-lo.

Ela estava tão orgulhosa de si mesma por perdoar-lhe que lhe escreveu uma longa carta, para contar *todas as coisas* pelas quais ela lhe estava perdoando. Ela também disse a todos *tudo aquilo* pelo qual ela estava perdoando ao rapaz. E ela vivia pensando sobre *todas as coisas* que fora capaz de perdoar com relação ao seu filho.

Um dia, enquanto ela estava pensando sobre *todas as coisas* que perdoara ao seu filho e quão bondosa ela tinha sido por lhe perdoar, o Senhor a levou a ler a primeira carta aos Coríntios.

No capítulo 13, que nós conhecemos como o "capítulo do amor", ela chegou ao versículo 5, o qual diz que o amor "não se ressente do mal (não leva em conta o mal sofrido, não considera um erro sofrido)".

Então, Deus lhe disse: "Você é uma das melhores contabilistas que Eu conheço".

Estou certa de que a maioria de nós é culpada por manter bons registros das ofensas que sofremos. Mas se quisermos a alegria operando em nossa vida, teremos de aprender como perdoar *e* esquecer. O perdão precisa ser um estilo de vida. Por que precisamos perdoar aos outros? Porque nossa fé não funcionará se não o fizermos. Terminaremos torturando a nós mesmos se não perdoarmos aos outros. Nós nos tornamos miseráveis ao guardarmos ressentimentos.

Precisamos perdoar aos outros simplesmente para permanecermos em obediência a Deus. Se não o fizermos, a falta de perdão bloqueará nosso relacionamento com Ele, e isso impedirá nosso crescimento espiritual. Além disso (o que já seria suficiente), a falta de perdão é um lixo espiritual; ela polui e suja nosso espírito.

Primeiramente, precisamos perdoar às pessoas que têm nos ferido. É importante que não deixemos a amargura, o ressentimento e a falta de perdão ficarem guardados em nós. Precisamos até mesmo perdoar às pessoas que nos feriram muito tempo atrás e precisamos perdoar às pessoas que nos ferem regularmente.

De fato, se você perdeu sua alegria pela falta de perdão, sugiro que comece a perdoar às pessoas agora mesmo. Faça uma lista de pessoas que você precisa perdoar. Peça a Deus que lhe dê o poder de perdoar a essas pessoas e, então, prossiga.

Perdoe a si mesmo

Em segundo lugar, você precisa perdoar a si mesmo. Como uma jovem cristã, eu clamava para que Deus me perdoasse pelas mesmas coisas toda noite, e numa noite o Senhor falou comigo: "Joyce, Eu já lhe perdoei da primeira vez que você me pediu. Você precisa perdoar a si mesma".

Pense sobre isso. Deus nos perdoa da primeira vez que Lhe pedimos. Mas nós precisamos *receber* o perdão que Ele tenta nos dar.

Sei que algumas pessoas que estão lendo este livro foram abusadas no passado. Algumas que lêem este livro podem também estar abusando de alguém neste exato momento. Pessoas abusadas freqüentemente abusam de outras. Você pode estar num ou em ambos os lados desse tipo de sofrimento. Se você mantiver uma posição de *falta de perdão* contra si mesmo e contra os outros, perderá a alegria que Deus que lhe der: perdoe!

Muitas mulheres que participam de minhas reuniões ou ouvem minha mensagem no rádio e na televisão admitiram que fizeram abortos. Muitas estiveram em prostituição no passado. Algumas pessoas se envolveram em perversão sexual e adultério. Algumas tiveram relações extraconjugais com pessoas com quem estão casadas agora, algumas mulheres engravidaram antes do casamento, e agora o casamento dela é afetado porque elas ainda não perdoaram a si mesmas ou ao seu cônjuge.

Se qualquer dessas circunstâncias ou algo semelhante se aplica a você, eu não me surpreenderia se você já tivesse pedido a Deus para perdoar-lhe centenas e centenas de vezes. Contudo, você ainda sente falta de alegria porque não perdoou a si mesmo. É um desafio perdoar a si mesmo e receber o perdão que você tem clamado para que Deus lhe dê todo esse tempo. Faça isso. Você está pedindo a Deus que lhe dê algo que Ele quer lhe dar. Agora, receba.

Muitas pessoas resistem ao perdão e dizem: "Eu não mereço". Certamente, não merecemos *nada* do que Deus quer nos dar! Precisamos estabelecer que nós absolutamente *não merecemos as bênçãos de Deus*. Mas a graça é um dom gratuito:

> Porque pela graça (favor imerecido de Deus) sois salvos (livres do julgamento e tornados participantes da salvação de Deus), mediante a [vossa] fé; e isto não vem de vós [de vossa própria obra, de vosso próprio esforço]; é dom de Deus. (Efésios 2.8)

Muitas pessoas não perdoam a si mesmas porque sentem que desapontaram a Deus. Meu próprio marido sentia isso muitos anos atrás. Ele tem um forte e poderoso relacionamento com Deus, mas houve um tempo que ele não agiu de forma tão séria quanto deveria. Durante aquele tempo, ele teve uma devastadora experiência que o levou a pensar que a presença de Deus tinha saído de sua vida. Então, ele passou por um período de culpa e condenação porque sentia que estava sendo punido por desapontar a Deus. Essa foi uma luta difícil para Dave.

Finalmente, ele estava numa classe de estudo bíblico, e o pastor ensinou sobre culpa e condenação. Sabendo que Deus não o condenava, Dave perdoou a si mesmo e ficou livre da culpa que sentia. Uma vez que foi curado e restaurado, ele começou a caminhar em direção a tudo o que Deus tinha para sua vida.

Siga em frente com Deus

Você não pode seguir em frente com Deus se mantiver contra si mesmo as coisas que você fez no passado. *A única forma de prosseguir é deixar a coisas do passado para trás.*

Não podemos comprar nossa liberdade por meio da culpa. Não podemos comprar perdão com obras de justiça, contudo tentamos fazer isso. Se nos comportamos mal, sentimos que não poderemos nem mesmo orar e, assim, fazemos algumas coisas para conseguir de volta a graça de Deus.

Mas sentimentos de culpa não compram o perdão.

A culpa é uma forma carnal e humana de tentar pagar pelo perdão. Pessoas pensam que ao se *sentirem mal o suficiente* sobre alguma coisa que fizeram *merecerão* perdão. Algumas pessoas tentam pagar tão arduamente pelos seus pecados por meio da culpa que elas até *se recusam* a desfrutar a vida.

Fui assim por muito tempo. Se tudo não fosse perfeito, eu não me permitiria qualquer alegria. Eu pensava que tinha de merecer a alegria. Mas aprendi que não podia comprar o perdão ao punir a mim mesma com auto-rejeição.

Isaías 55.1 é digno de ser relembrado. Este trecho diz:

> Ah! Todos vós, os que tendes sede, vinde às águas; e vós, os que não tendes dinheiro, vinde, comprai e comei; sim, vinde e comprai, sem dinheiro e sem preço [simplesmente pela auto-rendição que recebe a bênção], vinho [espiritual] e leite.

Você pode estar sedento por perdão. Deus convida cada um que está sedento a vir às Suas águas. Todos os que estão famintos podem vir a comer em Sua mesa. O trecho anterior do versículo fala sobre aqueles que não têm qualquer condição de comprar o que precisam de Deus, e isso se refere a cada um de nós.

Qual é o preço para receber as bênçãos de Deus? Tudo de que precisamos é nos dispor mos simplesmente a nos render e a aceitar a bênção. Eu amo a forma de Deus agir.

Apenas tome a decisão de que você irá perdoar a si mesmo e prossiga no plano de Deus. Para ser livre da prisão emocional da ira e da falta de perdão, eu o encorajo a fazer a esta oração:

Certo, Deus, eu me rendo a Ti. Desisto de tentar merecer Tua bondade. Eu deixarei que Tu me abençoes e me dês aquilo que não mereço.

Recebo Teu perdão por meus pecados, minhas falhas, meus defeitos, minhas fraquezas e meus desvios. Assim como Tu me perdoas, quero perdoar àqueles que me ferem não porque eles mereçam, mas porque Tua graça está fluindo em e por intermédio da minha vida.

Oro para que Tu abençoes os que me feriram para que eles também venham a conhecer a alegria do Teu perdão. Amém

O trecho de Isaías 61.1 diz que Jesus foi ungido para pregar o evangelho das boas novas ao pobre, para curar o coração quebrantado, proclamar a libertação aos cativos físicos e espirituais e abrir a prisão e os olhos daqueles que estão cegos. Isso significa que Jesus abriu a porta da prisão da falta de perdão. A falta de perdão não mais o manterá em escravidão. Jesus não somente abre a porta para você, mas também abre seus olhos para que você possa ver sua liberdade.

Algumas portas de prisão têm sido abertas por anos, mas os crentes ainda permanecem cativos nas celas porque eles não vêem que a porta está aberta. Eles não têm compreendido sua liberdade em Cristo. Esteja certo de que você não é um destes cativos.

Não é por acidente você está lendo este livro. Jesus está abrindo seus olhos para que você veja que é livre de tudo aquilo que vinha impedindo-o de ser cheio de alegria. A Palavra de Deus é sua chave para abrir qualquer porta da prisão que o mantém cativo. Não seja viciado em acusar-se. Desista disso. Não seja viciado na culpa e na condenação. Não machuque a si mesmo por algo que Deus já lhe perdoou.

Jesus disse a Paulo que o chamou para pregar o evangelho às pessoas para "lhes abrires os olhos e os converteres das trevas para a luz e da potestade de Satanás para Deus, a fim de que recebam eles *remissão de pecados e herança* entre os que são santificados pela fé em mim" (Atos 26.18, grifo da autora).

Jesus veio abrir nossos olhos para nos levar das trevas para a luz. A Bíblia não diz que devemos *merecer* ou *obter* o perdão, mas devemos *recebê-lo*.

Esse é o propósito pelo qual Jesus disse na cruz: "Está consumado!" Não há sacrifício adicional que possa ser feito pela nossa alegria. Não podemos acrescentar algum sacrifício a isso. Jesus foi o perfeito sacrifício. Está consumado, terminado, realizado, e agora precisamos somente *receber* a provisão de Deus, como as seguintes passagens das Escrituras explicam:

> • Mas, a todos quantos *o receberam*, deu-lhes o poder (autoridade, privilégio, direito) de serem feitos filhos de Deus, a saber, aos que crêem (confiam, apegam-se, apóiam-se) no seu nome. (João 1.12, grifo da autora)
>
> • Pois tudo que Deus criou é bom, e, recebido com ações de graças, nada é recusável (ou desperdiçado). (1 Timóteo 4.4)

- Portanto, despojando-vos de toda impureza e acúmulo de maldade, acolhei, com mansidão (brandura e modéstia), a palavra em vós implantada, a qual é poderosa para salvar a vossa alma. (Tiago 1.21)

Precisamos aprender como ser bons recebedores.

Perdoe a Deus

A terceira pessoa que você pode precisar perdoar é a Deus. Isso pode soar estranho para você como foi para mim no princípio, quando ouvi alguém dizer numa fila de oração: "Preciso perdoar a Deus". Mas as pessoas podem alimentar a amargura e o ressentimento contra Deus, especialmente se tiverem muitos desapontamentos na vida.

As pessoas acusam a Deus por sua infelicidade, e o diabo quer que você acuse a Deus se você não é feliz. Ele quer criar um abismo entre você e Deus para que você perca sua alegria.

Algumas vezes, as pessoas tentam obter as coisas que querem de Deus ao imitarem o que elas vêem os outros fazerem. Então, elas ficam iradas quando Ele não responde da forma que elas pensavam que deveria, mas ao copiar as ações dos outros elas estão fazendo coisas que Deus nunca *lhes* disse para fazer. Não fique furioso com Deus por não abençoar algo que Ele não lhe disse para fazer. E não O acuse por coisas que o diabo colocou em sua vida. Se você sente falta de perdão em seu coração contra Deus, desista disso e lhe perdoe.

Você não ficará desapontado com Deus se esperar em fé até ouvir uma palavra pessoal, um *rhema*[3] do próprio Deus. A Palavra em Romanos 10.17 ensina: E, assim, a fé vem pela pregação, e a pregação (da mensagem que vem), pela palavra de Cristo.

Se você quer alegria em sua vida, tem de acreditar que Deus é bom e que Ele recompensa aqueles que diligentemente O buscam.[4]

A alegria encherá sua vida quando você desistir de exigir respostas pelas coisas ruins que aconteceram em sua vida. Por anos, perguntei a Deus por que minha infância foi cheia de abuso. Eu me perguntava por que Ele não interferiu. Por que Deus não fez algo para parar o abuso, já que Ele é tão poderoso?

Eu vivia aborrecida, o que gerava em mim uma atitude de que todos me deviam algo. Mas eu não poderia ter um relacionamento decente com qualquer pessoa até que a verdade da Palavra de Deus me libertasse da necessidade de respostas para aquelas perguntas. Comecei a fazer as coisas da forma de Deus, e Ele mesmo tornou-se minha recompensa.

Deus quer abençoar cada pessoa. Ele está abençoando minha vida, está fazendo coisas poderosas e maravilhosas para mim.

Não importa o que esteja acontecendo em sua vida agora, não importa quão difícil isso seja, não culpe a Deus. Você pode não compreender o que está acontecendo, mas Deus é perfeito. Ele é bom e Ele é justo. A falha e o erro são causados pelo homem ou instigados pelo diabo.

Se você tem ficado triste com Deus, eu o encorajo a perdoar-Lhe. Isso pode parecer estranho, porque sempre pedimos que Deus nos perdoe, mas simplesmente ore: *Deus, eu Te perdôo. Meus problemas não são culpa Tua. Tu és a minha solução.*

Certamente, Deus não precisa do nosso perdão, mas você precisa perdoar-Lhe.

Em 1989, minha fé na bondade de Deus foi severamente testada quando foi diagnosticado que eu tinha um câncer. Fiz um exame de rotina e certamente não esperava por essa notícia. Duas semanas mais tarde, eu estava num hospital fazendo uma cirurgia.

A tentação para sentir amargura brotou em mim. Eu queria argumentar com Deus, dizer-Lhe que eu não merecia isso. Eu queria lembrar-Lhe que trabalhava para Ele. Ele não se lembrava de mim?

Algumas vezes, queremos dizer a Deus todas as boas coisas que fazemos. Mas Deus me disse o que eu deveria Lhe dizer durante todo aquele tempo. Ele disse: "Tudo o que Eu quero ouvi-la dizer é: Eu Te amo, Senhor. Eu sei que o Senhor me ama. Confio em Ti. O Senhor é bom. Esse é o dia que o Senhor fez. Eu me alegrarei e me regozijarei nele".

Certamente, Deus me curou do câncer. Tive a vitória, e tudo está maravilhoso novamente, mas, se eu tivesse alimentado a amargura contra Deus, creio plenamente que não estaria no ministério como estou hoje.

O diabo quer que você acuse a Deus por seus problemas, mas você não deve fazê-lo. A falta de perdão é como tomar veneno e esperar que seu inimigo morra. Seja livre; perdoe a todos que o machucaram, seja há muito tempo ou recentemente. Decida perdoar a todos, perdoar a si mesmo e perdoar a Deus. Então, esqueça-se disso e abrace a alegria do Senhor em sua vida.

Esqueça e seja feliz

A palavra *esquecer* significa "1: perder a lembrança de algo; ser incapaz de pensar ou relembrar; 2: tratar com desatenção ou desimportância e 3: esquecer intencionalmente, não tomar conhecimento".[5]

Quando Deus nos diz que devemos esquecer o que fica para trás, não penso que Ele quer dizer que sejamos *incapazes* de nos lembrar; creio que Ele está nos encorajando a, *intencionalmente, escolher* não lembrar.

Esquecer é uma decisão. A Bíblia diz para decidirmos lembrar as coisas boas da vida: "Finalmente, irmãos, tudo o que é verdadeiro, tudo o que é respeitável (digno de reverência, honroso e decente), tudo o que é justo, tudo o que é puro, tudo o que é amável, tudo o que é de boa fama (gentil, agradável e gracioso), se alguma virtude (excelência) há e se algum louvor existe, seja isso o que ocupe o vosso pensamento (pense, pondere, atente e fixe sua mente nisso). (Filipenses 4.8)

Esquecer as feridas antigas significa "parar de mencioná-las". Isso quer dizer que não devemos manter um relatório delas. Quando Dave e eu costumávamos discutir, eu trazia à tona algo que me machucara no primeiro ano do nosso casamento!

Ele olhava para mim e dizia: "Como você consegue se lembrar dessa bobagem?"

Lembrar-me não era difícil. Eu meditava naquilo enquanto lavava a louça e as roupas! Eu repetia a cena. Eu rememorava os detalhes. Assim como aquela mãe que estava mantendo um relatório das ofensas de seu filho, eu mantinha um relatório cuidadoso também. Quando Dave e eu discutíamos, eu não tinha de cavar muito para trazer aquilo à tona, pois estava fresco na memória. Estava gravado em meu cérebro pelos dias gastos alimentando minha ira.

Se quisermos alegria, temos de ter "desinteresse" pelas antigas ofensas. Paulo ensinou:

> Irmãos, quanto a mim, não julgo havê-lo alcançado (e tornado meu ainda); mas uma coisa faço [é a minha aspiração]: *esquecendo-me das coisas que para trás ficam e avançando para as que diante de mim estão*, prossigo para o alvo, para o prêmio da soberana [suprema e celestial] vocação de Deus em Cristo Jesus (Filipenses 3.13,14, grifo da autora).

Guarda da Alegria nº 5: Seja rápido para perdoar

Você pode *se sentir* como se não pudesse parar de pensar sobre aquilo que o ofendeu. Mas você pode *escolher* parar de pensar sobre isso. A Bíblia diz para lançar fora conceitos e toda altivez que se exalta contra o conhecimento de Deus.[6]

Você pode quase ficar viciado em remoer tudo o que os outros têm feito contra você. Mas você também pode orar, e Deus o ajudará. Ele lhe dará poder para pensar nas coisas que trarão benefícios e bênçãos para sua vida.

Pensar nas velhas feridas do passado não o beneficiará; memórias ruins não o ajudarão a ter uma vida alegre. Você precisa de forma determinada criar o bom hábito de pensar nas promessas de Deus.

Decida perdoar. Perceba que algumas pessoas em sua vida precisaram ser perdoadas repetidamente e outras, várias vezes ao dia.

Você sentirá alegria quando perdoar as ofensas pela negligência das pessoas.

Você sentirá alegria quando perdoar às pessoas cujas personalidades o irritam.

Você sentirá alegria mesmo quando tiver de perdoar a alguém sete vezes pela mesma ofensa.[7]

Sempre haverá pessoas em sua vida que lhe darão oportunidades para se ofender. Mesmo se ninguém estiver mentindo ou roubando você, existirão os motoristas descuidados, vendedores mal-educados, pessoas que passam na sua frente na fila e que lhe darão novas oportunidades cada dia para sentir a alegria de perdoar!

Se você quiser caminhar em alegria, terá de caminhar em perdão. O Espírito Santo lhe dará poder para desfrutar sua vida.[8] Se você realmente quer alegria em abundância, então perdoe aos seus inimigos sinceramente. Jesus disse:

Digo-vos, porém, a vós outros que me ouvis (para que atentais, coloqueis em prática): amai os vossos inimigos, fazei o bem (tratai bem, ajam nobremente diante daqueles) aos que vos odeiam (vos detestam e perseguem com ódio); bendizei (invocai bênçãos e favor, orai pela felicidade dos que) aos que vos maldizem, orai (implorai o favor de Deus) pelos que vos caluniam (abusam, insultam, reprovam, menosprezam, e arrogantemente vos maltratam). (Lucas 6.27-28)

SEJA UMA PESSOA DO "AGORA"

Tome a decisão de ser uma pessoa que vive cada dia na alegria do Senhor. Não viva no passado. Algumas vezes, mesmo as coisas boas que aconteceram no passado podem nos manter cativos e impedir de receber as boas coisas de hoje se nos prendermos a elas por muito tempo. Seja uma pessoa que vive para desfrutar o presente agora mesmo.

Deus quer que você tenha alegria porque coisas grandes e poderosas acontecem na vida daqueles que crêem. Não houve nem haverá um dia igual ou semelhante a este. *O ontem já se foi, perdido no recesso do passado. O amanhã ainda não chegou. Assim, viva este dia em plenitude.* Seja uma pessoa do *agora* cheia de alegria do Senhor.

Agora você deve estar se sentindo mais preparado para manter sua alegria quando o inimigo tentar roubá-la de você. Mas o próximo capítulo lhe mostrará por que o Ladrão da Alegria que é a inveja também precisa ser vencido.

12

Ladrão da Alegria nº 6: Ciúme e inveja

～

Nunca se compare com outra pessoa, porque isso leva à cobiça, ao ciúme e à inveja. Este é um dos mandamentos de Deus: "Não cobiçarás a casa do teu próximo. Não cobiçarás a mulher do teu próximo, nem o seu servo, nem a sua serva, nem o seu boi, nem o seu jumento, nem coisa alguma que pertença ao teu próximo". (Êxodo 20.17)

Cobiçar o que os outros têm é uma das grandes razões pelas quais as pessoas perdem sua alegria. Deus quer que seus filhos aprendam a amar sua casa, seu cônjuge, seus dons e suas habilidades, sua posição e suas possessões, e não aquilo que pertence a outras pessoas.

"Eu desejaria ter uma vida como a dela."

"Eu desejaria ter um carro como o dele."

"Eu desejaria ter filhos como aqueles."

"Eu desejaria ter um talento musical para que eu pudesse ser um líder de adoração e viajar com um grande ministério."

"Eu desejaria estar numa posição de liderança onde pudesse ser o chefe."

Será que o mandamento mencionado acima significa que é errado desejarmos as mesmas coisas que outras pessoas têm? Não, não há nada de errado nisso. Mas nunca devemos querer o que alguém tem a ponto de nos tornarmos invejosos. Essas emoções negativas envenenam nossa vida e impedem relacionamentos amáveis com outros.

Tenho de me conter ao olhar para certas pessoas e pensar algo como: *Eu desejaria me parecer com ela*, ou *Eu desejaria ter um cabelo como o dela*.

Tenho o cabelo muito fino e sem volume. Tenho de cortá-lo cada duas semanas e mantê-lo curto porque parece ser o melhor corte para meu tipo de cabelo. Eu o pinto, descoloro e coloco tudo que encontrar nele: gel, *spray* e fixador, etc.

Nossa filha mais velha, Laura, tem o cabelo volumoso, muito fácil de lidar. Quando era adolescente, ela simplesmente saía da cama pela manhã e o ajeitava, jogando o cabelo para frente por um momento e passando os dedos pelos fios, e seu cabelo ficava deslumbrante.

Minha filha mais nova Sandra e eu arrumamos nosso cabelo escovando, colocando *spray* e fixador, puxando e esticando, prendendo e enrolando, mas Laura não precisa fazer nenhuma dessas coisas para ter o cabelo naturalmente ajeitado.

Algumas vezes, nós, mulheres, olhamos para os modelos das revistas e sentimos bastante inveja de sua aparência. Mas a maioria das mulheres não é daquele jeito naturalmente.

Você pode discordar e dizer: "Oh, sim, elas são. Aqueles são retratos reais daquelas pessoas".

Penso que aquelas modelos são realmente muito bonitas, mas as revistas são conhecidas por retocar fotos quando necessário. E as modelos, na sua maioria, são adolescentes com pele de bebês e com um corpo jovem, mas, depois que uma mulher tem seus bebês, ela não se parece mais dessa forma.

Quando você chega à idade em que estou, algumas das partes do corpo que costumavam ser rijas e firmes tornam-se flácidas e caídas. Algumas podem ser levantadas mediante cirurgia plástica, mas outras estão danificadas demais para serem consertadas.

Assim, quando olhamos para aquelas jovens belas nas capas das revistas, nos sentimos velhas, feias, gordas e enrugadas. Sentimo-nos tão terríveis que, se não formos cuidadosas, começaremos a pensar: *Eu desejaria parecer com ela. Eu odeio essas modelos.*

Esse tipo de inveja é encontrado na história da túnica de José, a qual foi um presente especial do seu amado pai, Israel.[1] A túnica era muito bonita, e todos os irmãos de José o invejaram por isso. De fato, a Bíblia diz que eles o odiaram tanto por causa disso que planejaram matá-lo. Mas então eles decidiram vendê-lo como escravo. Esse é um dos resultados extremos da inveja, mas serve para nos lembrar de quão perigoso é manter esse sentimento.

Eu o encorajo a parar de comparar-se com outras pessoas com relação à sua aparência, à posição que você ocupa ou a qualquer outra coisa que elas tenham e que você não tenha. A comparação somente prejudica a obra de Deus em sua vida

---

Ame sua vida

Aqui está o problema: a cobiça, a inveja e o ciúme não apenas dizem "Eu desejo ter o cabelo bonito como o dela", ou "Eu desejaria perder peso tão facilmente quanto aquela pessoa", mas essas emoções negativas também podem impedir as pessoas de amar alguém que tenha o que elas querem.

Deus coloca dons nas pessoas para o benefício de outras: "Mas um só e o mesmo Espírito [Santo] realiza (inspira) todas estas coisas [dons, realizações e habilidades], distribuindo-as, [exatamente] como lhe apraz, a cada um, individualmente". (1 Coríntios 12.11)

Anos atrás, Deus começou a me revelar que quando Ele coloca um dom em alguém para ministrar a mim, se eu tiver inveja ou ciúmes do dom dessa pessoa, não poderei receber qualquer benefício disso.

A única forma de recebermos o que Deus coloca na vida de outros para nosso benefício é perceber que não o temos e provavelmente nunca o teremos. Deus dotou certos indivíduos e colocou-os em nossa vida para que pudessem compartilhar seus dons conosco e pudéssemos compartilhar nossos dons com eles. É assim que o corpo de Cristo funciona para abençoar um ao outro.

Dou-lhe um exemplo. Suponha que você saiba costurar e sua vizinha saiba cozinhar. Talvez você não possa cozinhar nada sem queimar, e sua vizinha não saiba pregar um botão. Em vez de sentir inveja, você pode alegrar-se pelo fato de que Deus colocou essa outra pessoa em sua vida que tem um dom que você não tem, e vice-versa, para que possam se complementar.

Você não precisa ser cobiçoso, invejoso ou ter ciúmes dos outros. Deus quer que você saiba que é uma pessoa única e que Ele tem um plano individualizado e específico para você.[2] Assim, aprenda a amar sua vida.

Não julgue

Se tivermos inveja do que as pessoas têm estaremos sendo levados a julgá-las, o que a Palavra claramente ensina que é errado: Não julgueis (critiquem ou condenem os outros), para que não sejais julgados (criticados ou condenados) (Mateus 7.1). O julgamento procede do orgulho; ele causa mexericos e todo tipo de coisas erradas e é um grande problema entre os crentes hoje.

A Bíblia tem muito a dizer sobre julgar os outros. Por exemplo, a versão King James do versículo acima diz: "Não julgueis e não sereis julgados". Quando julgamos os outros pelo que eles têm – casas, carros, jóias, roupas –, é geralmente porque estamos infelizes com o que temos, e não com aquilo que eles possuem.

Por exemplo, se tivermos inveja do carro de uma pessoa, realmente estamos querendo dizer: "Não estou feliz com meu carro e quero seu carro".

Alguém certa vez me deu um carro novo em folha. Agora, a maioria das pessoas que me viam dirigir aquele carro não sabia que era um presente. Era um carro esporte, e era o tipo de coisa que um pregador facilmente seria criticado por possuir.

Você pode dizer: "Apenas gostaria que alguém *me* desse um carro".

Devo admitir: várias vezes, quando ouço uma bênção que alguém recebeu, penso: *Quando esse tipo de coisa acontecerá comigo?* Quando tal pensamento entra em minha mente, imediatamente abro a boca e digo: "Sou feliz por ele. Se Deus pode fazer isso por ele, poderá fazer por mim, também".

Em vez de nos sentirmos infelizes, invejosos ou ciumentos, quando Deus abençoa alguém com algo que gostaríamos de ter, podemos estar felizes por eles e deixar que suas bênçãos sejam um encorajamento para nós, crendo que o que Deus fez por eles pode fazer por nós. Ele fez uma vez e pode fazê-lo novamente.

Invejar as bênçãos que outra pessoa recebe nos impedirá de receber nossas próprias bênçãos. Antes que você permita-se invejar as bênçãos de outros, faça a si mesmo estas perguntas:

• O quanto estou disposto a trabalhar em minha vida para obter isso?

• Que tipo de sacrifícios desejo fazer?

- Desejo dispor minha vida para ajudar alguém como essa pessoa fez?
- Quantas sementes desejo semear?
- Desejo dar o que Deus me disse para dar?
- Quantas coisas ainda mantenho comigo que Deus já me disse para dar há muito tempo atrás?

Sempre queremos o que as outras pessoas têm, mas não queremos fazer o que elas fizeram para obter isso. Se vemos o carro de uma pessoa e a julgamos por possuí-lo, podemos dizer: "Não acho certo que ela tenha um carro assim, não penso que seja um bom testemunho".

Será que sentimos isso não pelo fato da pessoa possuir um carro, mas pelo fato de não o possuirmos?

Se dirigíssemos um carro como aquele, veríamos algum problema se uma outra pessoa também o tivesse?

Suponha que olhemos uma roupa que alguém esteja vestindo e digamos: "Reconheço esta roupa, sei quanto custa. Não penso que seja certo tê-la. Não penso que eles deveriam gastar tanto dinheiro com roupas".

Será que nos importaríamos com o fato de eles vestirem aquela roupa se tivéssemos uma igual? Será que nos importaríamos se alguém tivesse um casaco de peles se também tivéssemos um? Será que nos importaríamos se alguém tivesse um anel de diamantes se também tivéssemos um? Será que nos importaríamos se alguém tivesse uma mansão se também tivéssemos uma?

Se formos honestos sobre a causa do problema, descobriremos que mais freqüentemente julgamos as outras pessoas porque não estamos felizes com aquilo que Deus está nos dando. Creio que Deus toma isso de forma pessoal porque, se estamos infelizes com o que temos, realmente estamos dizendo que não estamos satisfeitos com aquilo que Ele está fazendo em nossa vida.

Ladrão da Alegria nº 6: Ciúme e inveja

Você pode perguntar: "Mas não posso desejar ter mais do que tenho agora"?

Sim, você pode orar e pedir o que você quiser. Mas você deve confiar em Deus para que Ele decida lhe dar isso no tempo dEle.

Eu desejava uma série de coisas muito tempo antes de obtê-las. Olhando para trás agora, percebo que foi algo bom Deus não ter me dado essas coisas quando Lhe pedi, porque seria a última coisa de que eu realmente precisava naquela ocasião.

Inveja e ciúme nos levarão a nos esforçarmos por coisas que Deus nos dará no seu tempo, se esta for a vontade dEle. Lutar para mudar nossa situações ou circunstâncias somente roubarão nossa alegria.

Você quer ser feliz e extremamente abençoado?

Quando começar a sentir inveja e ciúmes, seja honesto com Deus e peça-Lhe que o ajude a livrar-se disso. Então substitua esses sentimentos de inveja pelas promessas que você recebeu por meio da Palavra e confie em Deus enquanto você espera pelos resultados.

O próximo Guarda da Alegria lhe mostrará como ser abundantemente abençoado para que você não deseje ter outra vida que não seja a sua própria vida.

13

Guarda da Alegria nº 6: Seja abundantemente abençoado

Você não tem de cobiçar o que outra pessoa tem se simplesmente obedecer ao que Deus lhe disse para fazer. A obediência levará você a ser radical e abundantemente abençoado! Se você se deleitar em Deus, Ele lhe concederá os desejos de seu coração, assim como estas Escrituras prometem:

> Agrada-te do Senhor, e ele satisfará (te dará) os desejos (e as petições secretas) do teu coração. Entrega o teu caminho ao Senhor [deposite cada cuidado de tua carga nele], confia [dependa, apóia-te e creia] nele, e o mais ele fará... Descansa (aquieta-te) no Senhor e espera [pacientemente apóia-te] nele, não te irrites por causa do homem que prospera em seu caminho, por causa do que leva a cabo os seus maus desígnios... mas os que esperam [têm esperança e buscam pelo] no Senhor [no final] possuirão a terra. (Salmos 37.4-5,7,9)

Guarda da Alegria nº 6: Seja abundantemente abençoado

Se você quer ser abundantemente abençoado, terá de aprender a ser radical e profundamente obediente àquilo que Deus lhe disser para fazer.

Para obedecer a Deus, você tem de saber como ouvi-Lo. Faço um extensivo estudo desse assunto em meu livro *How Hear from God* (Como Ouvir a Deus), mas, porque a voz de Deus é tão vital para experimentarmos a verdadeira alegria, vou repetir alguns dos fundamentos desse importante princípio da fé.

Antes que eu explique o que quero dizer por ouvir a Deus, deixe-me ilustrar o que acontece quando não O ouvimos. A história seguinte mostra como podemos nos cansar e perder a alegria quando seguimos nosso próprio caminho e fazemos as coisas do nosso próprio jeito:

> Depois disso, tornou Jesus a manifestar-se aos discípulos junto do mar de Tiberíades; e foi assim que ele se manifestou: estavam juntos Simão Pedro, Tomé, chamado Dídimo, Natanael, que era de Caná da Galiléia, os filhos de Zebedeu e mais dois dos seus discípulos. Disse-lhes Simão Pedro: Vou pescar. Disseram-lhe os outros: Também nós vamos contigo. Saíram, e entraram no barco, e, *naquela noite, nada apanharam*. (João 21.1-3, grifo da autora)

Alguém já sugeriu alguma coisa que soava como uma boa idéia, e suas emoções saltaram de entusiasmo para participar? Talvez você tenha dito: "Vou pescar com você"!

Não estou tentando indicar que precisamos de uma palavra de Deus cada vez que tomarmos uma atitude, mas a Bíblia diz para reconhecermos a Deus em *todos os nossos caminhos*, e Ele mostrará *o caminho* que devemos escolher.[1]

Reconhecer a Deus basicamente significa atentar àquilo que Ele pensa. Devemos viver nossa vida de forma que ela mostre que queremos lhe agradar por meio de cada atitude nossa. Precisamos nos submeter à vontade de Deus todo dia. Se você quer experimentar a alegria, creio que esta deve ser sua oração diária:

> *Deus, não quero fazer nada sem Ti. Se eu tentar fazer algo que não proceda de Ti, quero que Tu me alertes para não fazê-lo. Deixa-me sentir 'um toque', uma hesitação em meu coração, se eu estiver prestes a fazer algo que não esteja em linha com Tua perfeita vontade. Não quero Tua vontade permissiva, não quero estar fora da Tua vontade, mas quero Tua vontade perfeita em minha vida.*
>
> *Ajuda-me a não ser teimoso, rebelde ou obstinado. Eu já fiz o suficiente pela minha própria vontade. Tenho experiência suficiente para saber que, se eu seguir meu caminho e essa não for a Tua vontade, será ruim para mim, Deus. Assim, desejo seguir-Te, mas me ajuda a saber o caminho em que devo andar.*

Se você orar dessa forma todo dia, creio que Deus o manterá no caminho certo. Não podemos nos manter na vontade de Deus sem a ajuda dEle; a carne é muito forte. Deus sabe como nos guiar se Lhe dermos permissão para que o faça.

Eu me preocupava com minha vontade forte quando comecei a aprender quão importante é caminhar na vontade de Deus. Estava preocupada pelo fato de que, mesmo querendo seguir a Deus, poderia não ser capaz de caminhar em Sua perfeita vontade. Mas Deus me mostrou que Ele cuidaria do resto se eu apenas orasse e confiasse nEle. Se eu começasse a me desviar, Ele se certificaria de que eu voltaria ao seu caminho. Freqüentemente eu dizia a Deus que não queria que Ele me deixasse obter nada que não fosse da vontade dEle.

A Palavra não nos diz se certas coisas são ou não o melhor de Deus para nós. Ao orar por algo que não esteja claro na Palavra de Deus, simplesmente digo-Lhe: "Deus, quero isto. Estou orando por isso, mas quero a Tua vontade mais do que a minha. Assim, Pai, se esse não é o Teu tempo ou se estou pedindo algo que não é o que Tu queres para mim, então não me deixe tê-lo".

Oro dessa forma agora porque tentei meu próprio caminho, e isso não me trouxe alegria.

Jesus é o autor e consumador da nossa fé,[2] mas temos de perceber que Ele não é obrigado a concretizar nada que não seja plano dEle para nossa vida. Quando começamos a fazer nossas próprias obras da carne, da mesma maneira que Pedro fez ao dizer "Vou pescar", não podemos ficar frustrados com Deus se Ele não abençoar aquilo que Ele nunca nos disse para fazer. Precisamos aprender a esperar nEle e ouvir o que está nos dizendo, e então simplesmente obedecer.

Assim como os amigos de Pedro, podemos ser levados pela emoção do momento e entrar em algo que pareça ser uma grande idéia, mas isso roubará nossa alegria e nos tornará cansados se a presença e o poder de Deus não estiverem ali para abençoar esse projeto.

"Pedro e seus amigos pescaram a noite inteira, mas nada apanharam". Que mensagem! Quando seguimos nosso próprio caminho, é exatamente isto que conseguimos: nada! Mas os versículos seguintes mostram quão importante é ouvir e obedecer a Deus:

> Mas, ao clarear da madrugada, estava Jesus na praia; todavia, os discípulos não reconheceram que era ele. Perguntou-lhes Jesus: Filhos, tendes aí alguma coisa (peixe) de comer? (Vocês tem algo para comer juntamente com seu pão?) Responderam-lhe: Não.

Então, lhes disse: Lançai a rede à direita do barco e achareis [algo]. Assim fizeram e já não podiam puxar a rede, tão grande era a quantidade de peixes. (João 21.4-6)

Pescar fora da vontade de Deus equivale a pescar do lado errado do barco.

Talvez você tenha lutado, se esforçado, trabalhado e se esgotado para fazer algo acontecer; tentando fazer um plano funcionar; tentando mudar as coisas; mudar a si mesmo; fazer seu ministério começar ou crescer; tentando obter mais dinheiro, tentando ser curado; tentando mudar seu cônjuge ou encontrar um cônjuge. Se você tem trabalhado, trabalhado e trabalhado sem resultados, Deus pode estar perguntando: "Você pescou alguma coisa"?

Se você está esgotado após todo seu trabalho árduo, Deus talvez esteja lhe dizendo que está pescando do lado errado do barco. Talvez você esteja fora do tempo de Deus, ou talvez esteja fora da Sua vontade completamente.

Se você perdeu sua alegria, sugiro que renda sua vontade à de Deus, porque Ele quer abençoá-lo radicalmente. Comece orando: "Senhor, seja feita a Tua vontade, e não a minha".

Esteja pronto a obedecer a Deus

Obedecer a Deus pode levá-lo a fazer algo que você não gostaria de fazer a principio. Você simplesmente terá de confiar que a obediência ao Senhor o levará à alegria, porque Deus sempre tem seu bem em mente.[3]

Jesus perguntou a Simão Pedro: "Simão, filho de João, amasme mais do que estes outros [com devoção racional, intencional e espiritual, como alguém ama o Pai]? Ele respondeu: Sim,

Senhor, tu sabes que te amo [tenho profunda, instintiva e pessoal afeição por Ti, como um amigo intimo]. Ele lhe disse: Apascenta os meus cordeiros. (João 21.15)

Se amamos a Jesus, isso significa que deveremos fazer boas coisas pelos outros. Por três vezes Jesus perguntou a Pedro se ele O amava, e cada vez Jesus disse: "Se você me ama, cuide daqueles que Me seguem".

Em João 21.18, Jesus disse a Pedro: "Em verdade, em verdade te digo que, quando eras mais moço, tu te cingias a ti mesmo e andavas por onde querias; quando, porém, fores velho, estenderás as mãos, e outro te cingirá e te levará para onde não queres".

Deus me desafiou com esse versículo ao me mostrar que temos nossos próprios planos e caminhamos do nosso próprio jeito quando somos novos crentes. Mas, quando nos rendemos a Deus para realmente segui-Lo, haverá coisas que Ele nos pedirá para fazer que poderemos não desejar fazer a princípio, e se realmente O amamos deixaremos que Ele cumpra sua vontade em nossa vida.[4]

Você está numa posição, atualmente, na qual Deus está lhe pedindo que faça algo que você não deseja fazer? Enfaticamente peço-lhe que se submeta a Ele; sua alegria depende disso.

Creio que o nível de amor que temos por Ele é proporcional ao nível da obediência que teremos. Quando nosso amor por Jesus cresce, nossa obediência se torna mais radical. Sou mais radical e demasiadamente apaixonada por Jesus do que era a princípio, quando comecei este ministério. Meu amor pelo Senhor tem aumentado, assim como meu amor por Dave tem crescido com o passar dos anos em nosso casamento.

Certamente amo Dave muito mais agora do que no dia em que nos casamos, e sei que meu amor por ele continuará a se tornar mais profundo.

Creio que quanto mais obedecemos a Deus, mais O amaremos, e essa obediência trará bênçãos abundantes, e, então, nosso amor se tornará mais e mais profundo por Ele. E qualquer que seja nosso grau de obediência a Deus poderemos verdadeiramente dizer qual é a medida do nosso amor por Ele. Quando nosso amor cresce, nossa alegria aumenta.

Descobri que, quanto mais amo a Jesus, mais domínio próprio tenho em minha vida. Com mais domínio próprio, é mais fácil dizer "não" aos desejos egoístas e "sim" a Deus, porque "o amor de Cristo nos constrange, nos controla e nos impele" (2 Coríntios 5.14).

Quando nosso amor por Deus cresce, não desejaremos ofendê-Lo. Não desejaremos entristecer Espírito Santo. Apenas desejaremos fazer o que Deus quer que façamos, e a obediência nos dará uma grande alegria:

> Ora, tendo Cristo sofrido na carne, armai-vos também vós do mesmo pensamento [e propósito de pacientemente sofrer do que fracassar em agradar a Deus]; pois aquele que sofreu na carne [tendo a mente de Cristo] deixou o pecado [parou de agradar a si mesmo ou ao mundo], para que, no tempo que vos resta na carne, já não vivais de acordo com as paixões dos homens, mas [vivais] segundo a vontade de Deus. (1 Pedro 4.1-2)

Deus quer falar com você, mas de nada adiantará se não estiver pronto a obedecer-Lhe. A carne pode sofrer para obedecer a Deus, mas você não caminhará na vontade de Deus até que desista de fazer as coisas do seu próprio jeito e passe a deixar que Ele o conduza a um lugar que Ele sabe ser melhor para sua vida.

Arme-se com o tipo de pensamento que diz: *Prefiro sofrer a fracassar em agradar a Deus!* Se você se render a Ele, nunca mais Lhe desobedecerá intencionalmente.

Esteja pronto para ouvir a voz de Deus

Uma vez que você deseja obedecer a Deus, deve aprender a ouvir suas instruções. Desde o início, Deus tem falado com seu povo. Adão e Eva ouviam a voz de Deus ao entardecer de cada dia.[5] No livro de Apocalipse, lemos que João ouviu a voz de Deus na ilha de Patmos.

Saulo, que se tornou Paulo, estava na estrada de Damasco quando ouviu a voz do Senhor:

> Saulo, Saulo, por que me persegues [me atormentas, perturbas e me molestas]? Ele perguntou: Quem és tu, Senhor? E a resposta foi: Eu sou Jesus, a quem tu persegues [é perigoso e pior para você recalcitrares contra os aguilhões, oferecer vã e arriscada resistência]; (Tremendo e atônito Paulo perguntou: Senhor que queres que eu faça? O Senhor lhe disse:) levanta-te e entra na cidade, onde te dirão o que te convém fazer. (At 9.4-6)

A coisa maravilhosa é que Saulo respondeu imediatamente: "Senhor, que queres que eu faça?" Esse deve ser o motivo pelo qual Deus escolheu Saulo para trazer a revelação da graça a nós. Deus escolheu um dos piores pecadores que pôde encontrar simplesmente para mostrar o que a graça realmente é. Saulo estava perseguindo cristãos quando ouviu a voz de Deus a princípio; mas a diferença é que Saulo logo se submeteu à correção que Deus lhe fez.

Assim, como podemos ouvir a voz de Deus?

DEUS FALA POR INTERMÉDIO DA SUA PALAVRA

Primeiramente, se você quer ouvir a voz de Deus (seu *rhema*), você tem de estudar a Palavra escrita (*logos*).[6] Qualquer outra forma pela qual Deus fala com você sempre concordará com sua Palavra escrita.

Quanto mais conhecimento você tiver do *logos*, mais Deus poderá falar uma palavra *rhema* (pessoal) quando você precisar. Dessa forma, Ele pode falar ao seu coração ao lhe trazer à lembrança versículos específicos para responder à necessidade que você tem. Ou, enquanto você está lendo a Palavra, Deus pode ressaltar um versículo para que você compreenda que isso tem relação com sua situação. Essa é a forma mais comum de Deus falar com você.

A Bíblia diz que a fé vem por ouvir e ouvir da Palavra de Deus. A Bíblia Amplificada traduz essa passagem desta forma: "Assim a fé vem por ouvir, e o que é ouvido vem pela pregação (da mensagem que vem dos lábios) de Cristo (o próprio Messias)". (Romanos 10.17)

Eu estava a bordo de um avião certo dia e sentindo-me machucada por ter sido tratada asperamente. Sentindo tristeza em meu coração, abri minha Bíblia, Zacarias 9.12 imediatamente chamou minha atenção: "Voltai à fortaleza [da segurança e prosperidade], ó presos de esperança; também, hoje, vos anuncio que tudo vos restituirei em dobro (de sua prosperidade anterior)" (Zacarias 9.12).

Minha fé saltou para um novo nível quando li isso. Percebi que Deus estava me dizendo que, se eu não perdesse a esperança e se tivesse a atitude certa, chegaria o dia quando Ele me daria em "dobro" o que tinha sido tirado de mim naquela situação. E eu verdadeiramente vi essa promessa acontecer. Foi apenas um ano mais tarde, quase na mesma data, que Deus fez algo surpreendente para me abençoar.

Guarda da Alegria nº 6: Seja abundantemente abençoado

Se você quer ouvir a voz de Deus, eu o encorajo a amar a Palavra escrita. Passe tempo lendo e guardando a Palavra em seu coração. Então, quando Deus lhe der um versículo, como Ele fez comigo, você saberá que é o Espírito Santo dizendo: "Olhe, isso é para você".

Quando um versículo vem para você e é cheio de significado, oportuno à situação, você precisa apegar-se a isso, porque *é Deus falando com você*. Quando suas respostas vêm por meio de algo que o próprio Deus está dizendo, sua fé será fortalecida em meio a qualquer provação que você estiver enfrentando.

A voz audível de Deus

Há a voz audível de Deus, mas Ele não fala conosco freqüentemente dessa forma. Há referências à voz audível de Deus em Daniel 4.31, e novamente em Mateus 3.17, no batismo de Jesus. Há pessoas que testificam ouvir a voz audível de Deus, e eu mesma já o ouvi falar dessa forma algumas poucas vezes em minha vida.

É raro que Deus fale dessa forma, contudo Ele deseja falar conosco por meio de muitos outros métodos. É importante explicar que na maior parte do tempo, quando os cristãos dizem "Deus falou comigo...", eles estão falando sobre a sua voz mansa e suave dentro do coração deles.

O trecho de 1 Reis 19.12 fala de um momento em que Elias precisava ouvir a voz de Deus. Deus não falou por meio do terremoto ou do fogo, mas de uma voz mansa e suave. Há muitas vozes no mundo, mas a voz de Deus sempre estará em concordância com Sua Palavra escrita. Sua voz é cheia de sabedoria e bom senso, e isso deixa você repleto de paz.

DEUS FALA POR MEIO DE INTERVENÇÕES SOBRENATURAIS

Em meu livro *How to Hear From God*, compartilho exemplos de como Deus, algumas vezes, usa profecia, sonhos e visões para falar com seu povo.

Tenho poucos sonhos em minha vida que creio serem proféticos, mas a maioria dos meus sonhos não são mensagens de Deus. Se um sonho vem de Deus, creio que você saberá imediatamente o que Ele está tentando mostrar, ou logo obterá a interpretação disso.

Por exemplo, quando comecei esse ministério, tive um sonho no qual estava dirigindo numa faixa de trânsito quando muitos carros subitamente paravam para estacionar no acostamento, ou encontravam lugar para retornar, evitando dirigir sobre uma ponte que estava submergindo na água.

Quando acordei, sentia a voz mansa e suave de Deus me dizendo: "Joyce, você está numa nova jornada. Haverá momentos em que as coisas à sua frente parecerão perigosas ou incertas, e você se sentirá um pouco insegura". Ele disse: "Surgirão muitas oportunidades em que você poderá estacionar ou voltar atrás, mas estou procurando alguém que siga em frente e faça o que Eu lhe disse para fazer".

Quando as lutas vinham ou as coisas ficavam difíceis, eu me recordava como Deus me alertara desde o início de que eu seria tentada a parar. Sabendo pelo que Deus tinha me mostrado antecipadamente o que eu enfrentaria, isso me deu a força de que precisei para suportar os tempos difíceis. Saber que Deus estava comigo me dava alegria.

Sou grata pelas profecias e sonhos que vêm confirmar coisas que Deus me dirigiu a fazer, mas também alerto as pessoas para não procurarem profecias de outras pessoas. Busque a Deus, e Ele falará com você como Ele decidir.

E se alguém disser que Deus lhes mostrou algo a nosso respeito, nunca devemos tentar fazer as coisas acontecerem da forma que eles disseram. Uma profecia por intermédio de outra pessoa deve apenas servir como um testemunho adicional em nosso coração; deve concordar com aquilo que Deus pessoalmente tem falado conosco. Isso deveria confirmar algo que Deus já nos revelou de outra maneira.

Tenho visto pessoas entrar em confusões terríveis porque tomaram decisões baseadas no que outras pessoas pensaram que Deus lhes disse sobre elas. Se alguém nos dá uma profecia, devemos considerar cuidadosamente a confiabilidade da pessoa e daquilo que foi ouvido de Deus a nosso respeito, bem como aprender a ouvir a Deus por nós mesmos.

Em outras palavras, não saia do seu emprego simplesmente porque alguém disse que acredita que você irá para o campo missionário ou para o seminário, a menos que você saiba que Deus lhe disse para fazê-lo. Você perderá sua alegria rapidamente se pular de lugar em lugar sem ouvir a Deus por si mesmo.

Na maior parte do tempo, Deus fala por meio de um "testemunho interior" ou pela direção do seu Espírito em nosso coração. Como Romanos 7.6 explica, "agora, porém, libertados da [obediência da] lei, estamos mortos para aquilo a que estávamos sujeitos, de modo que servimos em novidade [de vida e *obedecemos à direção*] *do Espírito* e não na caducidade da letra (grifo da autora).

Essa direção interior e a nossa consciência nos deixam saber quando algo não está certo. Paulo disse: "Digo a verdade em Cristo, não minto, testemunhando comigo, no Espírito Santo, *a minha própria consciência* [*iluminada e dirigida pelo Espírito Santo*]". (Romanos 9.1, grifo da autora)

Lembre-se de que a obediência à voz de Deus pode não ser sempre confortável. Você pode sentir a direção de Deus para desculpar-se com alguém que você preferia ignorar. Ele pode lhe pedir que dê algo que você preferia guardar. Eu sei disso porque Ele já me desafiou muitas vezes a dar muitas coisas. A alegria que vem quando obedeço a Deus sempre é melhor do que qualquer prazer que eu teria ao manter algo para mim.

Você pode não estar certo de que Deus esteja realmente falando com você e pode não perceber que é Deus até que você faça aquilo que Ele lhe determinou fazer. Se Ele está lhe dizendo para fazer algo, você sentirá alegria, uma vez que Lhe obedece. Ele o guiará por meio da sua consciência e o manterá em perfeita paz.

Tenha tempo para aquietar-se

Enquanto aprende a reconhecer a voz de Deus, você deve se permitir errar às vezes, ou nunca será capaz de descobrir o que Deus realmente pode fazer por intermédio de você. Você deve também encontrar momentos apenas para permanecer em silêncio e ouvir a direção de Deus em sua vida.

Um estilo de vida ocupado, agitado, frenético e atarefado torna muito difícil ouvir a Deus.

Encontre um lugar para ficar em silêncio diante de Deus. Fique sozinho com Ele e diga que você precisa dEle e quer que Ele lhe ensine como ouvir Sua voz. Peça que Ele diga o que tem para sua vida. Pergunte o que Ele quer que você faça. Peça que Ele lhe mostre o que você está fazendo e que Ele não quer que você faça.

Apresente-se a Deus e ouça. Mesmo se você não ouvi-Lo, você O honrará por buscá-Lo. Ele promete que se você buscá-Lo O encontrará e obterá uma palavra de dEle.

Uma mulher contou-me que passou muitas horas orando e tentando obter uma palavra de Deus. Ele não lhe disse coisa alguma. Então, dois dias mais tarde, enquanto ela estava caminhando pela cozinha, Deus lhe falou no momento em que ela abria a porta do refrigerador. Ele deu uma resposta clara para o que ela tinha orado antes. Ela perguntou: "Por que Ele não respondeu antes?"

Honestamente não sei por que Deus algumas vezes espera para responder, mas sei que se nós, diligentemente, O buscarmos, se nós mostrarmos que queremos Sua vontade, Ele falará conosco. E para ouvir sua voz devemos passar tempo com Ele: "Teus ouvidos ouvirão atrás de ti uma palavra, dizendo: 'Este é o caminho, andai por ele' (Isaías 30.21). Pode não ser no nosso tempo, mas Deus falará conosco e nos deixará saber o caminho que devemos andar.

Deus o guiará por meio de um conhecimento interior, pelo bom senso, pela sabedoria e pela paz. Enquanto você espera por respostas de Deus, concentre-se em obedecer e guardar uma consciência limpa.[7] Você nunca terá alegria se souber que Deus lhe disse para fazer algo e você não Lhe obedeceu.[8] Mas, se você seguir a voz de Deus, será radical e abundantemente abençoado.

Embora você possa ser grandemente abençoado, se você permitir que o descontentamento habitual ganhe espaço em sua vida, você perderá sua alegria. Os dois capítulos seguintes mostram o que a Palavra de Deus tem a dizer sobre encontrar contentamento duradouro.

14

Ladrão da Alegria nº 7: Descontentamento habitual

Todos nós somos afligidos com o descontentamento de tempos em tempos, mas devemos evitar o descontentamento habitual. Um espírito insatisfeito rouba nossa alegria e nos impede de ver o que Deus pode estar tentando nos ensinar.

Sempre existem coisas que queremos que aconteçam em nossa vida, mas podemos aprender a desfrutar o lugar onde estamos enquanto seguimos rumo ao alvo.

A vida é cheia de altos e baixos. Podemos passar períodos nos quais somos bastante gratos e pensamos que somos as pessoas mais abençoadas da face da Terra. Mas, se procurarmos bem, encontraremos algo que rouba nossa satisfação e, subitamente, ficamos aborrecidos novamente. Enquanto tivermos o hábito de estarmos descontentes, o Senhor nos repetirá a mesma mensagem de que o contentamento é a vontade de Deus para nossa vida:

> E a paz de Deus [será sua, aquele tranqüilo estado de alma segura de sua salvação por intermédio de Cristo, não tendo

medo de coisa alguma da parte de Deus e estando *contente com sua porção nesta terra, qualquer que seja*, esta paz] que excede todo o entendimento, guardará o vosso coração e a vossa mente em Cristo Jesus (Filipenses 4.7, grifo da autora).

Creio que o contentamento é possível, não importa qual seja nossa porção nesta Terra, e a insatisfação pode tornar-se um mau hábito se não perseguirmos agressivamente a alegria.

Evite motivos para ficar descontente

Podemos nos tornar descontentes com o tempo de Deus quando temos pressa, mas Deus, não. Podemos nos tornar descontentes conosco, podemos querer ser algo que não somos ou como alguém que conhecemos.

É importante aprender a ser feliz consigo mesmo porque, se você não aprovar a si mesmo, nunca aprovará qualquer outra pessoa. Você não pode dar aos outros algo que não tem. Além disso, você nunca conseguirá livrar-se de si mesmo; terá de suportar-se o tempo todo. Assim, se você estiver descontente consigo mesmo, apenas pense na vida miserável que o espera.

Se dissermos que amamos a Deus, nunca deveríamos desejar fazer algo que O insulte ou entristeça Seu Espírito; contudo, creio que nosso descontentamento habitual é um insulto ao Senhor. Quando nos tornamos descontentes e insatisfeitos e mostramos isso murmurando e lamentando, estamos insultando ao Senhor. Ele nos diz: "Estou cuidando de sua vida, tenho um bom plano para você; estou operando todas as coisas para teu bem. Meus caminhos são mais altos que os teus caminhos. Meus pensamentos são mais altos que os teus pensamentos. Você não pode compreender o que estou fazendo, mas confie em Mim".

Ele quer que mostremos que confiamos nEle. Confiar em Deus é parar de procurar razões para estar descontente.

Desfrute os benefícios de Deus

O Reino de Deus oferece benefícios. Um desses benefícios é o privilégio de estar contente e satisfeito mesmo quando nem todas as circunstâncias em nossa vida são necessariamente agradáveis.

O texto de 1 Timóteo 6.6-8 diz:

> De fato, grande fonte de lucro é a piedade com o contentamento [este contentamento que é um sentimento de plenitude interior].
>
> Porque nada temos trazido para o mundo, nem coisa alguma podemos levar dele. Tendo sustento e com que nos vestir, estejamos contentes (satisfeitos).

Não conheço muitas pessoas que estejam satisfeitas apenas por comer e se vestir. A maioria de nós tem pelo menos isso, mas há ainda muito descontentamento nas pessoas. Isso não significa que a comida e as vestimentas sejam as únicas coisas que Deus quer que tenhamos, mas Ele está dizendo que o suprimento das necessidades básicas da vida deviam ser suficientes para nos fazer felizes.

Tenho pregado em nações do Terceiro Mundo nas quais as pessoas não possuem o que muitos cachorros, em média, têm no Ocidente. Ainda balanço a cabeça em completa incredulidade quando penso em algumas pessoas que vivem na miséria sem terem nem mesmo água decente para tomar um banho. Elas são famintas e têm apenas trapos para vestir.

De vez em quando, precisamos olhar para a realidade para nos lembrarmos de quão pouco precisamos para desfrutar os benefícios que o Reino de Deus nos oferece, como o contentamento e a satisfação. Parece que o Espírito Santo tem de nos ajustar para que possamos voltar à trilha do contentamento.

Considere os pontos negativos da insatisfação. O ressentimento habitual nos leva a uma vida de insatisfação. Sentimentos ou demonstrações constantes de descontentamento podem ser bastante desgastantes para você e para aqueles que o rodeiam. Ser satisfeito lhe traz alegria, e a insatisfação lhe traz tormento.

É fácil (contudo, algo tolo) ficar exasperado com as coisas, sobre as quais nada podemos fazer a respeito, mas é isso que geralmente nos perturba: algo que está fora do nosso controle. Pensamos ser alguém como o "Espírito Santo Júnior", e tentamos fazer o que somente Deus pode fazer. Gostaríamos de consertar as coisas para nossa satisfação instantânea.

Queremos consertar nossos filhos, consertar as pessoas para quem trabalhamos e aqueles que não nos tratam bem. Queremos consertar o mundo. Queremos dizer a todos como fazer as coisas e queremos que aprendam imediatamente e as façam agora. Mas a questão é que há uma série de coisas que somente Deus pode consertar.

Seja alegre hoje

Em algum momento, precisamos aprender como estar contentes enquanto estamos a caminho do nosso alvo. De outra forma, perderemos grande parte da alegria que faz parte dos benefícios do Reino de Deus. Nunca teremos o dia de hoje de volta para vivermos; quando ele terminar, terá ido para sempre. Se não aprendermos a desfrutar esse dia, nunca teremos uma segunda chance para fazê-lo.

É por isso que o salmista Davi declarou: "Este é o dia que o Senhor fez; regozijemo-nos e alegremo-nos nele" (Salmos 118.24).

Tenho a impressão de que quando Davi se levantou naquela manhã ele não estava se sentindo tão bem. Penso que, quando vemos confissões positivas como essa na Bíblia, estamos vendo o registro das pessoas que se sentiam da mesma forma que nos sentimos na maior parte do tempo e, então, elas tiveram de decidir fazer uma declaração de fé que nada tinha a ver com seus sentimentos.

Este dia que o Senhor fez é algo que o Senhor nos deu, é outro dia para vivermos e respirarmos. O que você fará com ele? Você irá se alegrar e se regozijar? Para fazer isso, você tem de dizer a si mesmo: "Eu me alegrarei com o dia que o Senhor fez"!

O lado positivo do contentamento é bastante atraente. A palavra *contente* denota estar satisfeito com ou resignado às suas circunstâncias. Isso não significa que você tenha de aceitar tudo que esteja acontecendo em sua vida. Isso não significa que você nunca possa desejar mudanças. Penso que isso significa desfrutar a posição em que você está agora enquanto caminha para o lugar aonde quer chegar.

Certamente queremos mudanças para melhor em nós mesmos, em nossas finanças, no mundo e nas pessoas ao nosso redor. Mas, enquanto esperamos por dias melhores, podemos aprender com o apóstolo Paulo, pois ele disse que *aprendeu* a estar contente. Ele escreveu:

> Tanto sei estar humilhado (vivendo humildemente em escassez) como também ser honrado (desfrutar a plenitude e viver em abundância); de tudo e em todas as circunstâncias,

já tenho experiência (aprendi o segredo de enfrentar todas as situações), tanto de fartura como de fome; assim de abundância como de escassez; tudo posso naquele que me fortalece (*tenho força para todas as coisas em Cristo*. Estou pronto para tudo através daquele que infunde força interior em mim; sou plenamente suficiente na suficiência de Cristo) (Filipenses 4.12-13, grifo da autora).

Como Paulo, podemos aprender a estar satisfeitos a ponto de não ficarmos perturbados com nada. Podemos ainda querer mudanças, mas podemos aprender a estar contentes tendo muito ou pouco. Não importa o estado em que estejamos, Cristo nos fortalecerá para estarmos prontos para tudo. Se nunca nos tornarmos contentes com "o pouco", Deus não nos promoverá para "o muito".

Não sei quanto tempo Paulo levou para aprender a ficar contente. Não sei quantas vezes ele teve de rodear a mesma montanha antes que aprendesse que Cristo era suficiente para todas as suas necessidades, estivesse ele rico ou pobre. Mas, de alguma maneira, ele finalmente aprendeu a estar contente, e podemos aprender também.

Problemas vêm em dias em que não queremos ter problemas. Nunca nos levantamos pela manhã e planejamos ter um problema, mas precisamos nos preparar para eles porque os problemas virão em nosso caminho enquanto estivermos deste lado do céu. Precisamos buscar um nível profundo de contentamento e satisfação em nossa vida.

O contentamento não cairá simplesmente sobre nós; devemos buscá-lo. Devemos aprender a tomar decisões que resultem em contentamento.

A mensagem de Paulo na versão da Bíblia NVI (EUA) é traduzida da seguinte forma: "Não digo isso porque estou em necessidade, porque tenho aprendido a estar contente, sejam quais forem as circunstâncias. Sei o que é estar em necessidade, e sei o que é ter plenitude. Tenho aprendido *o segredo de estar contente* em toda e qualquer situação, seja bem alimentado ou faminto, seja vivendo em plenitude ou em escassez. Eu posso todas as coisas por meio daquele que me dá forças (Filipenses 4.11-13, grifo da autora).

ENFRENTANDO AS PROVAS DO CONTENTAMENTO

Paulo disse que ele tinha aprendido o segredo do contentamento. Em cada situação que enfrentou, seja bem alimentado ou faminto, ele tinha força para todas as coisas em Cristo, que o fortalecia. Ele estava pronto para tudo por intermédio de Jesus, que o encheu com "poder interior".

O versículo acima tem sido usado fora do contexto por tantas vezes que perdemos o real poder da sua mensagem. As pessoas mencionam esse versículo "posso todas as coisas" e, então, ficam desapontadas quando percebem que não podem fazer o que gostariam de fazer!

Por exemplo, você não pode ter um ministério mundial simplesmente por "desejá-lo ardentemente". Deus tem de chamá-lo e capacitá-lo para isso. Há dons gratuitos na vida das pessoas, e nenhum de nós pode ir além do chamado de Deus em nossa vida. Cada um de nós pode alcançar a plenitude daquilo que Deus nos chamou para fazer e, aí, sim, encontramos a alegria do contentamento.

Não podemos simplesmente dizer: "Vou fazer o que você está fazendo porque *eu posso todas as coisas por intermédio de Cristo, que me fortalece*".

Eu lhe garanto que não importa quão intensamente eu tenha desejado, ainda não consegui liderar a adoração porque não fui dotada para isso!

Nos primeiros dias do meu ministério eu pensava que seria maravilhoso se pudesse pregar *e cantar*. Até comprei uma guitarra, mas logo percebi que meus dedos eram muito curtos para manusear as cordas. Agora, talvez algumas pessoas que tenham os dedos curtos como os meus possam ainda tocar guitarra, mas eu não consegui fazer meus dedos funcionar.

Nunca aprendi a ler música, e ninguém sabe qual é o tom em que estou cantando! Assim, mesmo se eu dissesse que poderia *fazer todas as coisas* por intermédio de Cristo que me fortalece, eu ainda não poderia levar as pessoas a um lugar de adoração pelo meu dom musical. Não sou dotada dessa forma, mas tenho aprendido a estar contente com os dons que tenho e desfrutado os dons que Deus colocou nos outros para o meu benefício.

Paulo estava dizendo nesse versículo que o segredo de estar contente é reconhecer que, por meio de Cristo, podemos enfrentar o que precisarmos enfrentar. Podemos estar felizes quando nossas circunstâncias não forem boas, podemos também nos comportar humildemente quando as circunstâncias são boas. É importante ser capaz de fazer ambas as coisas.

As finanças podem desempenhar um grande papel no sentimento de contentamento de uma pessoa, mas Deus me disse que há duas provas diferentes que as pessoas têm de enfrentar com relação a isso. Ele disse que uma prova é como agimos quando temos dinheiro e a outra é como agimos quando não temos nenhum dinheiro.

Algumas pessoas desenvolvem uma atitude ruim quando não têm dinheiro, mas outras desenvolvem uma atitude ruim quando têm dinheiro demais, ao permitirem que isso as faça se sentir melhores do que qualquer outra pessoa.

Paulo disse que aprendeu a ficar satisfeito com suas circunstâncias, quaisquer que fossem elas. Sua alegria não estava nos bens materiais. Essa é uma chave importante para manter a alegria porque, enquanto respirarmos nesta Terra, encontraremos uma mistura de coisas que gostaríamos e não gostaríamos de fazer. Somos cercados por uma série de pessoas que nos fazem sentir bem e outras que são difíceis de lidar.

SEJA EQUILIBRADO

Deus quer que estejamos contentes, não importa o que aconteça. Estive meditando nesse segredo da alegria quando o Senhor mostrou que estamos em equilíbrio quando experimentamos estações cheias de gratidão durante os bons momentos e estações cheias de fé durante tempos de provas. Precisamos de ambas.

O trecho de 1 Pedro 5.7-8 diz:

> Lançando sobre ele toda a vossa ansiedade [cuidados, preocupações, interesses, uma vez por todas], porque ele tem cuidado de vós (afetuosamente e atenciosamente). Sede sóbrios (moderados, *bem equilibrados*) e vigilantes (cautelosos). O diabo, vosso adversário, anda em derredor, como leão que ruge (com fome feroz) procurando alguém para (atacar) e devorar (grifo da autora).

Temos a tendência a sair do equilíbrio e, quando tudo em nossa vida está bom, nos tornamos complacentes. Se nossas atitudes forem erradas, Deus nos corrigirá. Não temos a capacidade de manter a atitude certa se tudo em nossa vida funcionar da forma que gostaríamos o tempo todo. Rapidamente nos tornamos orgulhosos e pensamos que nossas bênçãos se devem ao fato de sermos muito "espirituais".

Quando, subitamente, estamos numa grande confusão, percebemos como precisamos de Deus. Devemos equilibrar nossas bênçãos com uma atitude de humildade e orar: "Oh, Deus, preciso de ti. Deus, não sou nada sem Ti. Deus, se Tu não me ajudares, não sei o que eu farei".

Recentemente, enfrentei uma pequena cirurgia que terminou com grandes complicações. Tive dores, além de outros sintomas desagradáveis por muitos dias. Rapidamente pude ter compaixão pelas pessoas enfermas e me comprometi a orar por elas mais freqüentemente.

Também percebi como algumas das minhas queixas anteriores eram tolas. Tudo o que eu queria naquele momento era que a dor e o sofrimento fossem embora; nada mais parecia importante para mim. A maioria das coisas das quais nos queixamos é insignificante se comparada com todas as outras coisas. Meu problema me preparou para lidar com os momentos futuros com mais compaixão e gratidão.

Quando algo acontece na minha vida de que realmente não gosto, aprendi apenas a orar: "Deus, não gosto disso, mas de alguma forma devo precisar disso e creio que isso irá operar para o meu bem. Posso não me sentir bem imediatamente, mas creio que em algum lugar ao longo do caminho isso me abençoará. E em algum lugar no futuro isso se ajustará ao Teu plano para minha vida".

Mantenha-se firme no contentamento ao crer que o plano total de Deus para sua vida é bom. O plano dEle não é somente abençoá-lo, mas também ensiná-lo a enfrentar situações com uma atitude correta e ajudá-lo a crescer espiritualmente.

Deus quer sejamos mais do que abençoados. Ele quer que amadureçamos e persigamos a santidade e a consagração para viver um estilo de vida sacrificial que nos fortalecerá para sermos o que Ele quer que sejamos. Quando você é equilibrado, se esquece de si mesmo e se torna uma bênção para os outros, e, então, experimenta a real alegria. A alegria de *ser* uma bênção é maior do que a alegria de *receber* bênçãos.

TEMPOS DE PROVAS PASSAM

Quando enfrento tempos difíceis, digo a mim mesma: "Isso não vai durar para sempre. Isso também vai passar".

Você pode, provavelmente, olhar para sua vida no passado e ver muitos momentos difíceis que já enfrentou, embora naquele momento pensasse: *Não posso mais suportar isso*. O diabo, provavelmente, tentou-o a cada cinco minutos, fazendo-o pensar que aquela tribulação ia durar para sempre.

Quando você considera quantas vezes já atravessou para o outro lado, você tem a confiança de que atravessará novamente por intermédio de Cristo, que o fortalece, e do outro lado verá como Deus transformou aquelas experiências em algo bom para sua vida.

Se você já enfrentou problemas por seis meses ou mais, provavelmente sentiu como se esses problemas durassem uma eternidade. Mas nossos anos na Terra são somente uma pequena gota de nada, comparados com a eternidade.

Paulo sabia que as estações das provações passariam. É difícil quando passamos por tribulações, mas Paulo aprendeu a manter seus olhos no prêmio celestial e a confiar em Deus para prepará-lo para aquela glória que seria revelada por intermédio da sua vida. Ele escreveu:

Ladrão da Alegria nº 7: Descontentamento habitual

> Porque a nossa leve e *momentânea tribulação* produz (essa insignificante e passageira aflição está mais e mais abundantemente *preparando, produzindo e realizando*) *para nós eterno peso de glória*, acima de toda comparação [além de toda a medida, excessivamente superior a toda comparação e cálculo, uma vasta e transcendente glória e bem-aventuranças que *nunca cessarão*!], não atentando (desde que não consideremos) nós nas coisas que se vêem, mas nas que se não vêem; porque as que se vêem são temporais (breves e passageiras), e as que se não vêem são eternas (imortais e duradouras). (2 Coríntios 4.17-18), grifo da autora)

Quando você for tentado a se tornar descontente, lembre-se: "Isto também vai passar". Não importa quão difícil sua atual situação possa parecer, Deus o ama. Nunca abandone a verdade de que Deus o ama, não importa o que esteja acontecendo em sua vida. Você pode confiar que tudo cooperará para seu bem porque Ele o ama.[1]

As pessoas que têm problemas *reais* são aquelas que não conhecem Jesus. Elas, verdadeiramente, têm problemas porque não têm esperança.

Como crentes, somos mais do que vencedores porque temos Jesus caminhando conosco em nossos problemas. O pior dia junto com Jesus será melhor do que seu melhor dia sem Ele.

Tome a decisão de estar contente. Mesmo quando eu estava enfrentando o câncer, Deus me disse: "Joyce, várias vezes ao dia Eu quero ouvi-la me dizer: "Deus, eu O amo. Sei que o Senhor me ama. Confio em Ti. Creio que isso operará para o meu bem. Todas as coisas cooperam para o meu bem".

Repeti tanto essas palavras que quando estava acordando da anestesia eles me disseram que permaneci dizendo: "Todas as coisas cooperam para o bem daqueles que amam a Deus e são chamados de acordo com seu propósito. Todas as coisas cooperam para o bem daqueles que amam a Deus e são chamados para o seu propósito". E aqui estou, anos mais tarde, viva e saudável e servindo a Deus.

Você não sabe que o diabo fica furioso quando ele atira seu melhor dardo contra nós e mesmo assim permanecemos cheios de alegria? Não importa o que ele faça, ainda podemos dizer: "Eu Te amo, Deus. Eu confio em Ti e sei que isso cooperará para o meu bem".

PASSE TEMPO NA PRESENÇA DE DEUS

Mantenha as portas abertas para o contentamento e a satisfação ao pensar e falar da forma correta e ao passar tempo com Deus. Ele não deixará você ser satisfeito e contente sem Ele.

Há um vazio em cada um de nós que precisa ser preenchido por Deus, e nada do que podemos comprar preencherá esse vazio. A única coisa que preencherá nosso anseio interior é o próprio Deus. Uma oração não será suficiente. Teremos de buscar sustento diário. A Bíblia diz: "E não vos embriagueis com vinho, no qual há dissolução, mas enchei-vos do Espírito [Santo]". (Efésios 5.18)

Passei anos tentando encontrar um tempo para encaixar Deus na minha agenda. Deus, finalmente, me disse para parar de tentar enquadrá-Lo nos meus programas, mas ajustar minha agenda a Ele.

Contentamento é encontrado na presença de Deus.[2] O Salmo 16.11 proclama que a plenitude da alegria está na presença de Deus: "Tu me farás ver os caminhos da vida; na tua presença há plenitude de alegria, na tua destra, delícias perpetuamente".

Ladrão da Alegria nº 7: Descontentamento habitual

Gosto muito do Salmo 17.15: "Eu, porém, na justiça (retidão e posição correta diante de Deus) contemplarei a tua face; quando acordar, eu me *satisfarei* com (por contemplar) a tua semelhança [e ter uma doce comunhão contigo]". (Grifo da autora)

Seremos plenamente satisfeitos quando despertarmos e contemplarmos sua forma e tivermos uma doce comunhão com Ele. Quando Deus ocupa o primeiro lugar em nossa vida a ponto de ser Ele é o primeiro pensamento que vem à nossa mente quando acordamos pela manhã, teremos a profundidade de satisfação que nenhum demônio poderá arrancar de nós.

Se você está pronto a quebrar o controle do descontentamento habitual em sua vida, eu o encorajo a fazer esta oração:

> *Pai, em nome de Jesus, eu tomo a autoridade sobre o espírito de descontentamento e insatisfação. Eu tomo a autoridade sobre a murmuração, a queixa e a lamentação, e repreendo os espíritos malignos que operaram para trazer essas coisas em minha vida.*
>
> *Oro pela unção do Espírito Santo para tocar em minha mente e em minhas emoções. Encha-me com Teu Espírito Santo, com uma atitude de gratidão pelo que Tu tens feito em minha vida, para que esse descontentamento não tenha lugar para permanecer em meus pensamentos.*
>
> *Pai, ajuda-me a permanecer no caminho estreito que leva à alegria em Ti. Amém!*

Como aprendemos, o Ladrão da Alegria do descontentamento nos impede de desfrutar muitos benefícios que estão disponíveis aos crentes, mas o próximo Guarda da Alegria vai lhe mostrar que o contentamento é algo que cada um de nós pode aprender a ter, a despeito de nossas circunstâncias.

15

Guarda da Alegria nº 7: Permaneça contente

O contentamento vem por meio de uma decisão de ser feliz com o que você já tem, mas estou convencida de que a maioria das pessoas não está verdadeiramente contente com sua vida. O incrédulo certamente não vive contente, quer ele perceba isso ou não, mas é muito triste ver que os crentes ainda não aprenderam a estar verdadeiramente contentes em suas circunstâncias.

Eu me pergunto quantas pessoas poderão verdadeiramente dizer: "Sou feliz com minha vida. Amo meu cônjuge e minha família. Amo o meu trabalho. Estou satisfeito com minha casa e com meu carro. Há coisas que quero que Deus faça por mim, mas estou contente em esperar até que Ele as faça em seu tempo. Não cobiço qualquer coisa que pertença ao meu próximo. Não tenho inveja de ninguém ou de algo que os outros têm. Se Deus lhes deu, quero que eles desfrutem isso".

A Palavra diz: "Seja a vossa vida sem avareza. Contentai-vos com as coisas que tendes" (Hebreus 13.5). Creio que realmente Deus nos prova nessa área. Até que possamos passar pela prova de dizer a uma outra pessoa "Sou feliz porque *você* é abençoado", não teremos mais do que temos agora.

Sim, Deus quer prosperemos em cada área.[1] Ele quer que as pessoas vejam sua bondade e como Ele cuida de nós, mas devemos desejar a Deus mais do que suas bênçãos. Assim, Ele nos prova para estar certo de que esse é o caso antes que Ele libere maiores bênçãos materiais em nossa vida.

Há momentos em que Deus coloca alguém diante de nós que tem exatamente aquilo que queremos apenas para ver se passaremos na prova. Deus costumava fazer esse tipo de coisa comigo, e a princípio eu não compreendia o que estava acontecendo. Mas aprendi com a experiência.

As experiências em nossa vida são oportunidades bastante preciosas por um motivo: quando chegamos do outro lado, podemos olhar para trás e ver claramente algumas circunstâncias engraçadas que Deus permitiu que acontecessem para nos provar. Se você rejeitar essas experiências e tentar fugir delas, elas nunca lhe farão algum bem. Mas, para obter o que você deseja de Deus, você deve passar nesses testes.

Minha filha Sandra certa vez testemunhou sobre o perdão. Ela contou como enfrentou uma situação com alguém que a maltratou e como não foi fácil para ela passar por esse tratamento injusto. Mas ela se esqueceu de compartilhar que seis meses antes de esse incidente acontecer ela me disse: "Contarei a você o que estou crendo para este ano, mamãe. Creio que caminharei em amor com cada pessoa que tiver contato comigo, não importa quão pouco amáveis sejam".

Agora, quando você faz uma oração como essa, é melhor ajustar seu cinto de segurança e ficar pronto, porque você certamente será testado.

Fazemos todos orações bastante espirituais como: "Oh, Deus, quero caminhar em amor. Quero viver uma vida sacrificial. Entrego tudo a Ti. Apenas faça comigo como o Senhor desejar". Então, subitamente, enfrentamos uma prova que pretende desenvolver essas características em nós, e nos perguntamos o que está acontecendo.

Lembre-se: se você não quer passar por uma prova, não pode desenvolver tais tipos de atributo, especialmente a paciência. Uma tradução grega da palavra *paciência* indica que esse é o fruto do Espírito desenvolvido somente sob provação.[2] Isso não pode ser obtido de nenhuma outra forma.

Como aprenderemos a ser pacientes se nunca tivermos que enfrentar algo que não queremos enfrentar, lidar com alguém que não queremos lidar ou fazer algo que não gostaríamos de fazer?

O VALOR DO CONTENTAMENTO

A Bíblia nos ensina a estarmos contentes, não importam quais sejam nossas circunstâncias. Paulo escreveu: "Digo isto não por causa da pobreza (isso não implica em qualquer desejo pessoal da minha parte), porque aprendi a viver contente (satisfeito ao ponto em que não sou perturbado ou inquieto) em toda e qualquer situação (em qualquer condição em que eu esteja). (Filipenses 4.11)

O dicionário define a palavra *contentamento* como "descanso ou quietude de mente na presente condição; satisfação que mantém a mente em paz, eliminando a murmuração, oposição ou desejos adicionais, e freqüentemente implicando num moderado grau de felicidade".[3]

Como é preciso aprender a estar contente! Leva tempo, mas você pode começar a fazer uma confissão positiva. Mesmo se isso não for verdade exatamente agora, diga: "Estou contente".

Isso já nos faz bem apenas em dizer, não é?

Se você continuar a dizer todo dia que está contente, será um grande benefício e bênção para sua vida. Você pode não perceber ainda, mas o contentamento é mais digno do que qualquer possessão material que você poderia acumular em sua vida. Nada que você tem, ou venha a obter, vale a pena se você não estiver satisfeito interiormente.

Eis o que o apóstolo Paulo estava dizendo quando ele escreveu em 1 Timóteo 6.6: "De fato, grande fonte de lucro (abundante ganho, imenso proveito) é a piedade com o contentamento [esse contentamento que é um sentimento de suficiência interior]".

Lembre-se de que em Filipenses 4.11-12 Paulo nos fala sobre aprender a estar contente. Geralmente aprendemos a estar contentes por viver de forma descontente por muito tempo e, então, dizer: "Pai, não quero mais viver desse jeito. Ter isso ou ter aquilo não é digno de tanto sofrimento. Não quero ser mais miserável. Apenas me dê o que tu quiseres, pois aquilo que Tu não quiseres eu também não quero em minha vida. De agora em diante, não vou mais me comparar com outra pessoa. Não vou invejar os outros. Não vou ter inveja de outras pessoas na igreja nem de alguém que recebeu uma promoção no trabalho. Não vou invejar mais ninguém. Não quero o que os outros têm. Deus, quero somente o que Tu queres que eu tenha".

A única forma para obter paz e felicidade é dizer a Deus: "Deus, quero somente o que Tu queres que eu tenha".

O que nos torna infelizes? Ver algo que queremos, geralmente o que outra pessoa tem, e tentar obtê-lo com nossas próprias forças em vez de confiar em Deus para fazer o que precisa ser feito em nossa vida. Posso lhe provar isso por meio da Palavra de Deus.

O SEGREDO DO CONTENTAMENTO

O que Tiago nos diz no versículo abaixo?

> De onde procedem guerras (lutas) e contendas (discórdias e rixas) que há entre vós? De onde, senão dos prazeres (desejos sensuais) que militam na vossa carne? Cobiçais [invejais o que os outros têm]) e nada tendes; matais [já que odiar é matar em seus corações] , e invejais, e nada podeis obter [não obtendes a gratificação, contentamento e alegria que buscais]); viveis a lutar e a fazer guerras. Nada tendes, porque não pedis. (Tiago 4.1-2)

Creio que Tiago está dizendo: "Vocês ficam perturbados o tempo todo porque tentam obter todas as coisas que querem pelo próprio esforço. Vocês nunca as terão desta forma. Vocês apenas terminarão odiando as pessoas e tendo maus relacionamentos porque desejam o que elas têm".

Então Tiago resume toda a situação na seguinte frase: "Vocês não têm porque não pedem". Essencialmente, ele está se referindo ao fato de tentarmos obter as coisas pelo nosso próprio esforço em vez de pedi-las a Deus.[4]

Você provavelmente está pensando: *Mas tenho pedido a Deus por certas coisas, e Ele simplesmente não me atendeu.*

Se você tem pedido a Deus algo que Ele não lhe deu, pode ser que esta não seja a vontade dEle para sua vida, ou não seja seu tempo, ou pode ser que haja algo melhor que Ele quer lhe dar, mas você ainda não está espiritualmente maduro o suficiente para lhe pedir isso. Seja qual for a razão, nunca é porque Ele não quer que você seja abençoado.

Você é filho de Deus, e Ele o ama. Ele é um Deus bom que somente faz coisas boas.[5] E Ele quer fazer por você muito mais que você pode mesmo imaginar.[6] Mas Ele o ama muito para lhe dar coisas que possam machucá-lo. Ele o ama muito para lhe dar coisas que finalmente o tornarão mais carnal ou até mesmo o levarão a pecar porque você não está pronto para administrá-las.

Se você é um pai e ama seus filhos, você lhes daria a chave do carro antes que eles tivessem idade suficiente para dirigir? Certamente que não, porque você sabe que eles poderiam sofrer um acidente, machucar a si mesmos ou aos outros. Deus age da mesma forma com seus filhos. Porque Ele nos ama, não nos dará algo antes de termos maturidade espiritual para administrá-lo.

Muitas pessoas usam a manipulação e formas mundanas para conseguir coisas que elas não têm condição de ter. E essas são coisas que geralmente terminam arruinando-lhes a vida.

Descobri que o segredo de estar contente é pedir a Deus aquilo que quero, se isso for adequado para mim, e que Ele o dê no tempo certo. E Ele fará algo muito melhor do que pedi se não for esse seu desejo.

Aceite a escolha de Deus

Disputas, inveja, ciúme, ressentimento e descontentamento, tudo isso são coisas que fecham as portas para você obter o que quer.

Vale a pena sentir-se feliz pelos outros quando eles são abençoados. Se você puder passar nesse teste, perceberá as bênçãos de Deus vindo em sua vida.

Ser feliz quando alguém mais é promovido no trabalho, na igreja ou em qualquer outro lugar o ajudará a desfrutar a boa vida que Deus quer que você tenha.

Na seguinte passagem, vemos 250 líderes dos israelitas que ficaram tão invejosos da posição de Moisés como escolhido e designado por Deus que se rebelaram contra ele.

> Corá, filho de Isar, filho de Coate, filho de Levi, tomou consigo a Datã e a Abirão, filhos de Eliabe, e a Om, filho de Pelete, filhos de Rúben. Levantaram-se perante Moisés com duzentos e cinqüenta homens dos filhos de Israel, príncipes da congregação, eleitos por ela, varões de renome, e se ajuntaram contra Moisés e contra Arão e lhes disseram: Basta! Pois que toda a congregação é santa, cada um deles é santo, e o Senhor está no meio deles; por que, pois, vos exaltais sobre a congregação do Senhor? (Números 16.1-3)

Moisés foi escolha de Deus. Ele não escolheu a si mesmo; Deus o escolheu. Contudo, esses homens vieram a Moisés e disseram: "Quem você pensa que é dando ordens a nós? Quem você pensa que é tornando-se nosso chefe? Todos os israelitas são santos, cada um de nós. Por que, então, você se levanta sobre nós"?

Os homens não estavam furiosos porque Moisés era o chefe, eles estavam furiosos porque *eles* não ocupavam esse cargo. Eles queriam a posição de Moisés, por isso não podiam gostar dele. Eles tinham inveja dele, e assim não podiam amá-lo. Eles tinham ciúmes dele, e assim não podiam recebê-lo como líder.

Da mesma forma, muitas pessoas, hoje, não gostam de seu chefe. Você precisa ser chefe para compreender que nem todos sempre vão gostar de você quando se está numa posição de liderança. Não importa o que você faça ou que tipo de decisão tome, alguém não gostará. Haverá sempre alguém que reclamará ou causará problemas.

Uma das maiores razões por que muitas pessoas não gostam de seu chefe é simples: elas queriam ser o chefe, porque pensam que poderiam fazer algo melhor se estivessem naquela posição.

Realmente, Satanás pode tentar usar alguém para atrapalhar ou destruir uma pessoa numa posição de liderança. Tenho visto isso acontecer em minha própria vida.

Verifique sua atitude

Creio que devo tratar meus empregados da forma correta. Sinto que se tratá-los bem eles gostarão de trabalhar para mim. Por exemplo, se eu lhes pagar um bom salário, eles não desejarão sair e procurar outro emprego.

Porque sou boa para meus empregados, raramente tenho algum problema com alguém que trabalha comigo. Mas discussões são coisas que não aceitamos em nossa organização, porque destroem a unção.

A Palavra diz: "Lembra-lhes que se sujeitem aos que governam, às autoridades; sejam obedientes, estejam prontos para toda boa obra, não difamem a ninguém; nem sejam altercadores, mas cordatos, dando provas de toda cortesia, para com todos os homens". (Tito 3.1-2)

Lembro-me quando tive de falar com alguém do nosso escritório que estava causando problemas. Finalmente, tive de lhe dizer: "Penso que o problema real aqui é que eu sou a chefe e você não é. Você pode querer ser, mas você nunca será o chefe nesta organização. Assim, ou você muda suas atitudes e se submete à autoridade, ou poderá procurar outro trabalho, porque esse não é seu ministério e você não o liderará". A pessoa sossegou rapidamente após esse fato.

Se você não está numa posição de liderança em seu trabalho ou em sua igreja, precisa ter uma atitude saudável diante das pessoas que estão. Com Deus, a atitude de coração é tudo. Podemos fazer o que nossos chefes nos mandam fazer enquanto murmuramos e reclamamos pelas costas, mas, se fizermos isso, não seremos o tipo de empregado que a Bíblia nos diz para ser. Podemos prosseguir com essa atitude por um tempo, mas não obteremos nossa recompensa.[7]

Nossa recompensa vem ao obedecermos ao chamado específico que Deus colocou em nossa vida, e não ao tentar ser como outra pessoa ou manipular para conseguir coisas maiores assim como as pessoas do mundo fazem. Deus recompensa aqueles que seguem um estilo de vida obediente.[8] Se nós simplesmente fizermos o que Deus está nos pedindo para fazer e sermos as pessoas que Ele planejou que sejamos, sua recompensa, literalmente, nos perseguirá e será derramada em nossa vida.

Seja você mesmo

Moisés era um homem esperto. Ele sabia qual era o problema daquelas pessoas. Sabe qual era? Elas não gostavam dos seus trabalhos:

> Disse mais Moisés a Corá: Ouvi agora, filhos de Levi: acaso, é para vós outros coisa de somenos que o Deus de Israel vos separou da congregação de Israel, para vos fazer chegar a si, a fim de cumprirdes o serviço do tabernáculo do Senhor e estardes perante a congregação para ministrar-lhe; e te fez chegar, Corá, e todos os teus irmãos, os filhos de Levi, contigo? Ainda também procurais o sacerdócio? (Números 16.8-10)

Os levitas ocupavam as posições honradas de guardiões e transportadores do Tabernáculo,[9] mas, como vemos na passagem a seguir, eles pensaram que o trabalho deles era insignificante demais. Assim, queixaram-se com Moisés: "Tudo o que fazemos é cuidar desse templo, Moisés, enquanto você toma todas as decisões. Quem você pensa que é comandando tudo"?

Sabe o que aconteceu? No dia seguinte, Corá, Datã, Abirão, seus homens e os 250 líderes encontraram-se com Moisés e Arão na entrada do Tabernáculo. Subitamente, o chão se abriu e Corá, Datã, Abirão, suas famílias e todos os seus pertences caíram no abismo. Depois disso, a terra fechou sobre eles. Então, veio fogo da parte do Senhor e devorou os 250 homens.[10]

O mesmo tipo de situação ocorreu com a irmã de Moisés, Miriã, e seu irmão Arão. Em Números 12.1, está registrado que eles se levantaram contra Moisés porque não gostaram da esposa que ele escolhera: "Falaram Miriã e Arão contra Moisés [seu irmão], por causa da mulher cuxita que tomara; pois tinha tomado a mulher cuxita".

No versículo seguinte, lemos: "Porventura, tem falado o Senhor somente por Moisés? Não tem falado também por nós? O Senhor o ouviu". Em outras palavras, eles estavam dizendo: "Moisés, você pensa que é a única pessoa que pode ouvir a Deus?"

Assim, não foi apenas a escolha da esposa de Moisés que perturbava Miriã e Arão. A coisa que realmente os perturbava era que eles queriam estar na posição de liderança, mas Moisés estava na liderança, e eles não gostavam disso.

Você sabe que aconteceu com Miriã? Ela imediatamente tornou-se leprosa.[11]

Eu me pergunto quantas pessoas têm algum tipo de lepra (o que significa qualquer tipo de problema) e vivem descontentes simplesmente porque têm inveja ou ciúme de outras pessoas. Elas não compreendem que cada um de nós é um indivíduo diante de Deus e que Deus tem um plano pessoal para cada um.

Por causa de minha experiência de vida, tive muitas fraquezas para aceitar a mim mesma e gostar de ser como sou. Sempre me comparava com outras pessoas, invejava-lhes a vida, as possessões e as habilidades. Eu não estava sendo eu mesma, mas estava tentando ser outra pessoa.

Freqüentemente me sentia pressionada e frustrada porque tentava operar fora dos meus dons e do meu chamado. Quando, finalmente, percebi que não podia fazer nada sem que Deus me ordenasse e me ungisse, comecei a relaxar e a dizer: "Sou quem sou. Não posso ser qualquer outra coisa se Deus não me ajudar. Vou apenas me concentrar em ser o melhor eu posso ser".

Deus tem feito cada um de nós como uma pessoa exclusiva.[12] Ele pessoalmente o fez e lhe deu dons, talentos e habilidades. Simplesmente pense nisso: ninguém mais no mundo é exatamente como você. Isso significa que aquilo que é melhor para uma outra pessoa pode não ser o melhor para você.

Assim, quando se sentir tentado a dizer a Deus "Desejaria parecer com outra pessoa", ou "Desejaria poder fazer isso ou aquilo como eles", simplesmente não fale dessa forma. Satisfaça-se em ser quem você é. Lembre-se de que Deus o fez exatamente como Ele gostaria que você fosse. Se você tentar ser como qualquer outra pessoa, perderá a bela vida que Deus planejou especialmente para você.

Muitas pessoas pensam que devem tornar-se o que outra pessoa é. Esse tipo de pensamento rouba nossa alegria e não é falha de ninguém mais, a não ser de nós mesmos. Não temos de comparar nada em nossa vida com a vida de outras pessoas. Tudo o que precisamos fazer é ser quem Deus nos criou para sermos.

Foi libertador para mim quando finalmente percebi que não tinha de ser como ninguém mais. Antes disso, eu pensava que tinha de ser como meu marido, que possui maravilhosas qualidades. Eu pensava que tinha de ser como a esposa do meu pastor, ou como a vizinha da frente, ou a senhora da igreja que parecia fazer tudo certo.

O salmista escreveu: "Fiz calar e sossegar a minha alma (estou contente e em paz); como a criança desmamada se aquieta nos braços de sua mãe, como essa criança é a minha alma (meu coração) para comigo" (Salmos 131.2). Ser satisfeito e feliz consigo mesmo é uma chave muito importante para desfrutar sua vida.

A alegria na satisfação

Você pode ter alegria todo dia ao satisfazer-se com o que você tem e com o que você faz. Você não precisa querer o que os outros têm ou desejar fazer o que eles fazem. Você não precisa ser o chefe ou parecer-se com alguém mais ou viver de outra forma. Lembre-se de que se você tivesse a vida de uma outra pessoa teria não somente as boas partes, mas os problemas também.

Você deve encontrar a alegria e dizer: "Farta-se a minha alma" (Salmos 63.5). Se você tem lutado nessa área, aquiete-se e diga a si mesmo: "Vou ser feliz com o que Deus está fazendo em minha vida. Não quero aquilo que outra pessoa tem porque, provavelmente, não seria capaz de cuidar disso se o tivesse. Quero somente o que Deus quer me dar. Vou Lhe pedir o que desejo e crer que Ele proverá, mas somente *se* for bom e *quando* for o momento certo para me atender. Então poderei ter paz e alegria".

Tome a decisão de parar de ficar insatisfeito com aquilo que você pensa que não tem e consagre a Deus o que você tem. Se você é um crente, você tem coisas maravilhosas dentro de si. Você pode fazer alguém feliz, levar alguém a Cristo, encorajar, edificar, exortar aqueles que estão ao seu redor. Você pode usar seus dons e talentos para servir a Deus.

Seja qual for sua situação, tome a decisão de confiar em Deus e, assim, ter paz e estar contente. Não importa quanto você possa querer fazer o que alguém mais está fazendo ou ter o que eles têm, você não será capaz de obtê-lo a menos que Deus deseje isso e o capacite para alcançá-lo. Ele pode ter um plano diferente para você. Aceitar isso trará grandes dividendos em forma de felicidade pessoal e contentamento que vêm ao saber que você está na vontade de Deus e desfruta as bênçãos materiais que Ele lhe provê de acordo com as promessas encontradas em sua Palavra.

Deus o ama e tem designado somente o melhor para você. A alegria e o contentamento verdadeiros vêm ao permanecer nos limites daquilo que Deus o chamou e equipou para fazer. Contentamento e alegria vêm quando você não tenta conseguir coisas que não são a vontade dEle para você e, portanto, não estão de acordo com os talentos e as habilidades que Ele lhe deu para realizá-las. Isso não é negativismo, é sabedoria.

Esteja contente por ser a pessoa maravilhosa que Deus criou, da forma que você é, e sua alegria aumentará dramaticamente.

16

Você pode ter uma vida de alegria

A alegria é uma das armas mais poderosas que temos contra o diabo. Ele tem más intenções para destruir nossa vida, mas a alegria é uma grande fonte de força que Deus nos dá para interromper os planos de Satanás.[1]

Por meio da alegria, vencemos os problemas que o diabo nos diz ser impossível vencer e faremos coisas que as pessoas nunca acreditariam que pudéssemos fazer.

Podemos ser derrotado somente ao perdermos nossa alegria. A Bíblia diz: "Regozijai-vos sempre". (1 Tessalonicenses 5.16)

Satanás quer que você fique triste porque ele sabe que se você perder sua alegria perderá sua força, e se perder sua força ele pisará em você. Mas Deus quer levantá-lo,[2] e Ele o faz por meio da alegria do Senhor, que é a sua força.[3]

Não é sábio ser triste o tempo todo. *Matthew Henry´s Concise Commentary on The Whole Bible* descreve o que é viver uma vida piedosa como "uma vida de constante alegria".[4] Creio que desfrutar a vida dessa forma é um dom de Deus.[5] Mas você nunca usufruirá sua vida se não acreditar que essa é a vontade de Deus. Crer libera alegria.

Não cresci numa atmosfera alegre. Fui criada pensando que sentir alguma alegria era algo errado, assim costumava ser muito triste. Eu trabalhava arduamente e era uma pessoa responsável, mas realmente não desfrutava minha vida.

Satanás me roubou muitas coisas por causa da minha ignorância sobre a Palavra de Deus. Porque eu não tinha conhecimento espiritual apropriado por um tempo, Satanás me enganou e roubou a vida vitoriosa e cheia de alegria que Jesus já tinha provido em seu plano para mim. Agora vivo uma vida de alegria porque o Senhor me ajudou a aprender as coisas que compartilho com você neste livro.

Uma vez que você sentir que está perdendo sua alegria, eu o encorajo a ler este livro novamente, porque creio que encontrará a razão pela qual perdeu sua alegria e como obtê-la de volta em alguma destas páginas. Temos observado sete coisas que Satanás usa para roubar nossa alegria e o que fazer para vencer isso. A alegria é o fruto do Espírito que habita dentro do coração de cada crente. Contudo, ela é liberada somente ao tomarmos uma decisão de não permitir que as circunstâncias adversas governem nossas atitudes emocionais e mentais.

Não importa o que aconteça em sua vida, lembre-se disto: você tem a habilidade de liberar e manter alegria em sua vida, e não há nada que Satanás possa fazer para detê-lo quando seu coração está cheio de alegria.

Versículos para manter sua alegria

Eu o encorajo a ler as seguintes passagens das Escrituras, meditar nelas e confessá-las em fé e confiança, numa base regular. Creio que elas o ajudarão a enfrentar cada ataque que o inimigo, Satanás, lançar contra você. Arme-se com a Palavra de Deus e com as verdades deste livro, e você será capaz de fazer algo maravilhoso para si mesmo: estimular sua alegria e evitar as sete coisas que podem roubá-la de você.

> Portanto, não vos entristeçais, porque a alegria do Senhor é a vossa força. (Neemias 8.10)

> O coração alegre é bom remédio. (Provérbios 17.22)

> Alegrai-vos sempre no Senhor [deleitai-vos, satisfazei-vos nele]; outra vez digo: alegrai-vos. (Filipenses 4.4)

> Este é o dia que o Senhor fez; regozijemo-nos e alegremo-nos nele. (Salmos 118.24)

> O ladrão vem somente para roubar, matar e destruir; eu vim para que tenham (e desfrutem a) vida e a tenham em abundância (até a plenitude, até transbordar). (João 10.10)

Nós, porém, que cremos (dependemos, confiamos e nos apegamos), entramos no descanso. (Hebreus 4.3)

Estas coisas vos tenho dito para que tenhais paz [perfeita e confiança] em mim. No mundo, passais por aflições (tribulações, provas e frustrações); mas tende *bom ânimo* [tende coragem, confiança, segurança, intrepidez]!; eu venci o mundo [Privei o mundo do poder de derrotar-vos e o venci por vós]". (João 16.33)

Para a liberdade foi que Cristo nos libertou [e nos fez completamente livres]. Permanecei, pois, firmes e não vos submetais (não sejais embaraçados, permaneçam enganados), de novo, a jugo de escravidão [do qual já se livraram]" (Gálatas 5.1)

(É Ele) o qual nos habilitou [qualificou, fazendo-nos ajustados, dignos e plenos] para sermos ministros (e despenseiros) de uma nova aliança (a salvação por meio de Cristo), não (ministros) da letra (código legal escrito), mas do espírito; porque a letra (da Lei) mata, mas o espírito [Santo] vivifica. (2 Coríntios 3.6)

A lei do Senhor é perfeita e restaura a alma (a pessoa por inteiro); o testemunho do Senhor é fiel e dá sabedoria aos símplices. (Salmos 19.7)

Mas receio que, assim como a serpente enganou a Eva com a sua astúcia, assim também seja corrompida a vossa mente e se aparte da simplicidade e pureza devidas a Cristo. (2 Coríntios 11.3)

Porque a nossa glória é esta: o testemunho da nossa consciência, de que, com santidade e sinceridade de Deus, não com sabedoria humana, mas, na graça divina, temos vivido no mundo e mais especialmente para convosco. (2 Coríntios 1.12)

Confia (apóia-te, e creia) no Senhor de todo o teu coração (e mente) e não te estribes no teu próprio entendimento (ou compreensão). Reconhece-o (e conhece-o) em todos os teus caminhos, e ele endireitará e (direcionará e aplainará) as tuas veredas Não sejas sábio aos teus próprios olhos; teme (com reverência e adora) ao Senhor e aparta-te [inteiramente] do mal; será isto saúde para o teu corpo (nervos e tendões) e refrigério (tutano), para os teus ossos. (Provérbios 3.5-8)

Permanecei em mim, e eu permanecerei em vós [Habitem em mim e eu habitarei em vós]. Como não pode o ramo produzir fruto de si mesmo, se não permanecer [se não estiver vitalmente unido] na videira, assim, nem vós o podeis dar, se não permanecerdes em mim. Eu sou a videira, vós, os ramos. Quem permanece em mim, e eu, nele, esse dá muito (abundante) fruto; porque sem mim [sem uma união vital comigo] nada podeis fazer. (João 15.4-5)

Porque decidi nada saber entre vós (não ser familiarizado com nada, não demonstrar conhecimento de nada, e não estar consciente de nada), senão a Jesus Cristo (o Messias) e este crucificado. (1 Coríntios 2.2)

Porque Deus não é de confusão, e sim de paz. (1 Coríntios 14.33)

Irai-vos e não pequeis; não se ponha o sol sobre a vossa ira (vossa fúria, indignação ou exasperação). Nem deis lugar (espaço ou base) ao diabo [não deis oportunidade a ele]. (Efésios 4.26-27)

Sabeis estas coisas, meus amados irmãos. Todo homem, pois, seja pronto para ouvir, tardio para falar, tardio para se irar (se ofender). Porque a ira do homem não produz a justiça de Deus (desejos e ordenanças de Deus). (Tiago 1.19-20)

Melhor é o longânimo do que o herói da guerra, e o que domina o seu espírito, do que o que toma uma cidade. (Provérbios 16.32)

Deixa a ira, abandona o furor; não te impacientes; certamente, isso acabará mal. Porque os malfeitores serão exterminados, mas os que esperam no Senhor (no final) possuirão a terra. (Salmos 37.8-9)

Não cobiçarás a casa do teu próximo. Não cobiçarás a mulher do teu próximo, nem o seu servo, nem a sua serva, nem o seu boi, nem o seu jumento, nem coisa alguma que pertença ao teu próximo. (Êxodo 20.17)

Não julgueis (critiqueis e condeneis), para que não sejais julgados (criticados e condenados). (Mateus 7.1)

Seja a vossa vida sem avareza. Contentai-vos com as coisas que tendes. (Hebreus 13.5)

Digo isto, não por causa da pobreza (isso não implica em qualquer desejo pessoal da minha parte), porque aprendi a viver contente (satisfeito ao ponto em que não sou perturbado ou inquieto) em toda e qualquer situação (em qualquer condição em que eu esteja). (Filipenses 4.11)

Tendo sustento e com que nos vestir, estejamos contentes (satisfeitos). (1 Timóteo 6.8)

Pelo contrário, fiz calar e sossegar a minha alma (estou contente e em paz); como a criança desmamada se aquieta nos braços de sua mãe, como essa criança é a minha alma (meu coração)para comigo. (Salmos 131.2)

Como de banha e de gordura farta-se a minha alma; e, com júbilo nos lábios, a minha boca te louva. (Salmos 63.5)

Regozijai-vos sempre. (1 Tessalonicenses 5.16)

Oração para um relacionamento pessoal com o Senhor

Deus quer que você receba o seu dom gratuito da salvação. Jesus quer salvá-lo e enchê-lo com o Espírito Santo. Se você nunca convidou Jesus, o Príncipe da Paz, para ser seu Senhor e Salvador, eu o incentivo a fazer isso agora. Faça a seguinte oração e experimentará uma nova vida em Cristo se realmente for sincero sobre isso:

> *Pai, Tu amaste tanto o mundo que deste seu único Filho para morrer por nossos pecados, para que aquele que crê nEle não pereça, mas tenha a vida eterna.*
>
> *A Tua Palavra diz que somos salvos pela graça, por meio da fé como um dom do Senhor. Não há nada que possamos fazer para merecer a salvação.*
>
> *Creio e confesso com minha boca que Jesus Cristo é o Teu Filho, o Salvador do mundo. Creio que Ele morreu na cruz por mim e carregou todos meus pecados, pagando o preço por eles. Creio em meu coração que Tu ressuscitaste Jesus dentre os mortos.*

Peço que perdoes meus pecados. Confesso Jesus como meu Senhor. De acordo com a Tua Palavra, sou salvo e passarei a eternidade Contigo! Obrigado, Pai. Sou muito grato a Ti! Em nome de Jesus, amém.

(Veja João 3.16; Romanos 10.9-10; 1 Coríntios 15.3-4; Efésios 2.8-9; 1 João 1.9; 4.14-16; 5. 1, 12-13.)

Notas

INTRODUÇÃO
Você pode ter alegria a cada dia!

1. ALEGRIA. *In*: AMERICAN dictionary of the english language. 1. ed. fac-símile de Noah Webster's, edição 1828. Permissão para reimpressão por G. & C. Merriam Company. Copyright 1967 & 1995 por Rosalie J. Slater.

2. "Vós, com alegria, tirareis água das fontes da salvação" (Isaías 12.3). "A minha alma se alegra no meu Deus" (Isaías 61.10). "E como (ele) exulta com a tua salvação!" (Salmos 21.1). "Restitui-me a alegria da tua salvação e sustenta-me com um espírito voluntário." (Salmos 51.12)

3. "Pois aquilo que o homem semear, isso também ceifará. Porque o que semeia para a sua própria carne (natureza terrena, sensualidade) da carne colherá corrupção (ruína, decadência e destruição); mas o que semeia para o Espírito do Espírito colherá vida eterna." (Gálatas 6.7-8)

4. Comento esse assunto em maiores detalhes em meu livro *Enjoying where you are on the way to where you are going.*

CAPÍTULO 1
Duas escolhas: Obras ou graça?

1. "Antes, ele dá maior graça (poder do Espírito Santo, para opor-se a essa tendência e todas as outras tendências malignas, plenamente); pelo que diz: Deus resiste aos soberbos (orgulhosos e altivos), mas dá graça [continuamente] aos humildes (os que são humildes o suficiente para obtê-la)." (Tiago 4.6)

2. "... porque aos que me honram, honrarei, porém os que me desprezam serão desprezados." (1 Samuel 2.30)

3. "Ora, as obras da carne são conhecidas e são: prostituição, impureza, lascívia, idolatria, feitiçarias, inimizades, porfias, ciúmes, iras, discórdias, dissensões, facções, invejas, bebedices, glutonarias e coisas semelhantes a estas, a respeito das quais eu vos declaro, como já, outrora, vos preveni, que não herdarão o reino de Deus os que tais coisas praticam." (Gálatas 5.19-21)

4. "Vós, porém, irmãos, sois filhos da promessa, como Isaque. Como, porém, outrora, o que nascera segundo a carne perseguia ao que nasceu segundo o Espírito, assim também agora. Contudo, o que diz a Escritura? Lança fora a escrava e seu filho, porque de modo algum o filho da escrava será herdeiro com o filho da livre. E, assim, irmãos, somos filhos não da escrava, e sim da livre." (Gálatas 4.28-31) (Veja também Hebreus 8.6-13; 9.1-28; 10.16-22)

5. Comento esse assunto sobre casamento com maiores detalhes em meu livro *Help Me – I'm Married*.

6. "Mas eu vos digo a verdade: convém-vos (é proveitoso, bom, conveniente, vantajoso) que eu vá, porque, se eu não for, o Consolador (Conselheiro, Ajudador, Advogado, Intercessor, Fortalecedor, Auxiliador) não virá para vós outros [para ter um íntimo relacionamento convosco]; se, porém, eu for, eu vo-lo enviarei [para ter um íntimo relacionamento convosco]." (João 16.7)

Notas

CAPÍTULO 2
Ladrão da Alegria nº. 1: Obras da carne

1. "Pois quem [com alguma razão] despreza o dia dos humildes começos, esse alegrar-se-á vendo o prumo na mão de Zorobabel. Aqueles sete olhos são os olhos do Senhor, que percorrem toda a terra." (Zacarias 4.10)

"Disse-lhe o Senhor: Muito bem, servo bom (honrado, admirável) e fiel; foste fiel (e confiável) no pouco, sobre o muito te colocarei; entra (e compartilha) no gozo (alegria, deleite e bem-aventurança) do teu senhor." (Mateus 25.21)

2. "Mas o fruto do Espírito [Santo] é [a obra que sua presença em nós realiza é]: amor, alegria (satisfação), paz, longanimidade (paciência, equilíbrio), benignidade, bondade (benevolência), fidelidade, mansidão (gentileza, humildade), domínio próprio (autocontrole, continência)." Contra estas coisas não há lei [que possa trazer condenação]. (Gálatas 5.22-23)

3. Ora, os dons (poderes extraordinários distinguindo determinados cristãos, por causa do poder da graça divina operando na vida de cada um pelo Espírito Santo) são diversos (há distinta variedade e distribuição dos dons), mas o Espírito [Santo] é o mesmo. E também há diversidade nos serviços (e ministrações), mas o Senhor [que é servido] é o mesmo. E há diversidade nas realizações (na maneira de realizar as coisas), mas o mesmo Deus é quem opera (inspira) tudo em todos. A manifestação [a evidência, a iluminação espiritual] do Espírito [Santo] é concedida a cada um visando a um fim proveitoso. Porque a um é dada, mediante (e por meio do) o Espírito [Santo], [o poder para falar] a palavra da sabedoria; e a outro, segundo o mesmo Espírito, [o poder para expressar] a palavra do conhecimento (e compreensão); a outro, no mesmo Espírito [Santo], a fé (que opera maravilhas); e a outro, no mesmo Espírito, dons (poderes

extraordinários) de curar; a outro, operações de milagres; a outro, profecia (discernimento profético, o dom de interpretar a vontade e propósitos divinos); a outro, discernimento de espíritos [a habilidade de distinguir entre as manifestações de espíritos falsos e verdadeiros]; a um, variedade de línguas [desconhecidas]; e a outro, capacidade para interpretá-las." (1 Coríntios 12.4-10)

4. Esse teste e provação "revelariam a fé de Abraão como nada mais teria feito. Isso traria a evidência de absoluta obediência e inquestionável confiança em Jeová, devendo Abraão obedecer cegamente, prosseguindo passo a passo, até sua fé sobressair como o sol ao meio dia". (PFEIFFER. Charles E.; HARRISON, Everett F. [Ed.]. *The Wycliffe bible commentary*. Eletronic Database. Moody Press, copyright 1962. Todos os direitos reservados)

5. "Então, lhe disse: Não estendas a mão sobre o rapaz e nada lhe faças; pois agora sei que temes a Deus, porquanto não me negaste o filho, o teu único filho. Tendo Abraão erguido os olhos, viu atrás de si um carneiro preso pelos chifres entre os arbustos; tomou Abraão o carneiro e o ofereceu em holocausto, em lugar de seu filho." (Gênesis 22.12-13)

6. "Tentar não significa instigar alguém a pecar... mas testar, provar, dar ocasião ao desenvolvimento de sua fé (de Abraão)." (BIBLESOFT´S Jamieson, Fausset and Brown commentary. Eletronic Database. Copyright 1997 por Biblesoft. Todos os direitos reservados)

7. "Cantem de júbilo e se alegrem os que têm prazer (bradem de alegria e se satisfaçam) na minha retidão; e digam sempre: Glorificado seja o Senhor, que se compraz na prosperidade do seu servo!" (Salmos 35.27)

8. Veja João 11.6-45. Esta passagem nos relata a ocasião em que Lázaro, o amigo de Jesus, morreu. No versículo 15, Jesus explica: "... e por vossa causa me alegro de que lá não estivesse, para que

possais crer (*isso os ajudará a crer e confiar em mim*); mas vamos ter com ele" (grifo da autora). "Quando Maria chegou ao lugar onde estava Jesus, ao vê-lo, lançou-se-lhe aos pés, dizendo: Senhor, se estiveras aqui, meu irmão não teria morrido" (v. 32). "Respondeu-lhe Jesus: Não te disse eu que, se creres, verás a glória de Deus?" (v. 40). "Muitos, pois, dentre os judeus que tinham vindo visitar Maria, vendo o que fizera Jesus, creram nele" (v. 45).

9. "Eis que eu sou o Senhor, o Deus de todos os viventes; acaso, haveria coisa demasiadamente maravilhosa para mim?" (Jeremias 32.27)

10. Veja Gênesis 3.1-13. A acusação começa no versículo 13: "Disse o Senhor Deus à mulher: Que é isso que fizeste? Respondeu a mulher: A serpente me enganou (iludiu, logrou, fraudou), e eu comi".

11. "Esse não foi um riso de incredulidade, mas de deleite diante da perspectiva de um evento tão improvável (Romanos 4.20); Abraão creu plenamente na Palavra de Deus, havia humildade misturada com espanto e alegria" (BIBLESOFT´S Jamieson, Fausset and Brown commentary, sobre versículo "Gênesis 17.17"). Veja também Romanos 4.18-21: "Não duvidou (ou desconfiou), por incredulidade, (questionando) da promessa de Deus; mas, pela fé, se fortaleceu, dando glória (e louvor) a Deus, estando plenamente convicto de que ele era poderoso (e capaz) para cumprir o que prometera". (Romanos 4.20-21)

12. "A longa demora parece ter enfraquecido a fé de Sara, pois ela tratou o anúncio como algo inacreditável e, quando acusada de ter rido silenciosamente, acrescentou mentira à incredulidade... Nas circunstâncias de sua risada incrédula, ela estava seguindo somente a direção de seu raciocínio natural, e não a Palavra de Deus, cujo poder ela limitou pelos resultados de sua própria observação e experiência." (BIBLESOFT´S Jamieson, Fausset and Brown commentary, sobre o trecho de Gênesis 18.9-15)

CAPÍTULO 3
Guarda da Alegria no. 1: Seja dirigido pelo Espírito

1. RECONHECER. *In*: MERRIAM-WEBSTER´S collegiate dictionary. 11. ed..

2. "Porque, se eu orar em outra língua [desconhecida], o meu espírito [pelo Espírito Santo dentro de mim] ora de fato, mas a minha mente fica infrutífera [fica improdutiva e sem ajudar ninguém]. Que farei, pois? Orarei com o espírito [pelo Espírito Santo dentro de mim], mas também orarei [inteligentemente] com a (minha) mente (e compreensão); cantarei com o espírito [pelo Espírito Santo dentro de mim], mas também cantarei [inteligentemente] com a (minha) mente (e também) minha compreensão" (1 Coríntios 14.14-15). "Por isso eu oro com toda [forma de] oração e súplica, orando em todo tempo [em cada ocasião, em cada estação] no Espírito e para isto vigiando (e mantendo-me alerta) com toda perseverança (e forte determinação) e súplica por todos os santos (o povo consagrado de Deus)." (Efésios 6.18)

CAPÍTULO 4
Ladrão da Alegria nº. 2: Legalismo religioso

1. "Aconteceu achar-se enfermo de disenteria, ardendo em febre, o pai de Públio. Paulo foi visitá-lo, e, orando, impôs-lhe as mãos, e o curou" (Atos 28.8). "Então, [os apóstolos] lhes impunham as mãos, e recebiam estes o Espírito Santo" (Atos 8.17) "Também, nele, estais aperfeiçoados [em Cristo, vocês também estão cheios da presença da divindade – do Pai, do Filho e do Espírito Santo – e alcançaram a plena estatura espiritual]. Ele é o cabeça de todo principado e potestade [de todo governo e autoridade angelical]." (Colossenses 2.10)

2. Lembre-se: a graça é poder de Deus para nos ajudar nas áreas em que não podemos ajudar a nós mesmos.

3. "E, se é pela graça (seu imerecido favor e benevolência), já não é pelas obras (ou algo que o homem tenha); do contrário, a graça já não é graça [ela seria sem sentido]." (Romanos 11.6)

4. MATTHEW HENRY´S concise commentary on the Whole Bible, new modern edition. Eletronic Database. Copyright 1991 por Hendrickson Publishers, Inc. Usado sob permissão. Todos os direitos reservados (sobre João 9.13-34)

5. "Essa é a razão por que (a herança da promessa) provém (é resultado e depende inteiramente) da fé, para que seja segundo a graça (favor imerecido), a fim de que seja firme (estável, válida e garantida) a promessa para toda a descendência, não somente ao (que se devotou e aderiu à) que está no regime da lei, mas também ao que é da fé que teve Abraão porque Abraão é pai de todos nós." (Romanos 4.16)

6. "O ladrão vem somente para roubar, matar e destruir; eu vim para que tenham (e desfrutem) vida e a tenham em abundância (até à plenitude, até transbordar)." (João 10.10)

7. "Porque o reino de Deus não é comida nem bebida, mas justiça, e paz, e alegria no Espírito Santo." (Romanos 14.17)

CAPÍTULO 5
Guarda da Alegria nº. 2: Seja livre em Cristo

1. "E contra quem jurou que não entrariam no seu descanso, senão contra os que foram desobedientes [aqueles que não ouviram sua voz e recusaram ser submissos e convencidos a obedecer]?" (Hebreus 3.18)

2. "Para [esta] a liberdade foi que Cristo nos libertou [e nos fez completamente livres]. Permanecei, pois, firmes e não vos submetais (não sejais embaraçados e enganados a entrar), de novo, a jugo de escravidão [do qual já vos despojastes]." (Gálatas 5.1)

CAPÍTULO 6
Ladrão da Alegria nº 3: Complicando coisas simples

1. "O coração do homem traça o seu caminho, mas o Senhor lhe dirige os passos (e os confirmar)" (Provérbios 16.9). "Os passos do homem são dirigidos pelo Senhor; como, pois, poderá o homem entender o seu caminho?" (Provérbios 20.24). "Eu sei, ó Senhor [pleiteou Jeremias em nome do povo], que não cabe ao homem determinar o seu caminho, nem ao que caminha [mesmo um homem forte ou realizando seu melhor] o dirigir os seus [próprios] passos." (Jeremias 10.23)

2. "Ao que lhe respondeu Jesus: Se podes! Tudo é possível ao que crê" (Marcos 9.23). "Mas, a todos quantos o receberam (com agrado), deu-lhes o poder (autoridade, privilégio, direito) de serem feitos filhos de Deus, a saber, aos que crêem (confiam, devotam-se, apegam-se) no seu nome" (João 1.12). "Porque Deus amou ao mundo de tal maneira que deu o seu Filho unigênito, para que todo o que nele crê não pereça, mas tenha a vida eterna." (João 3.16)

3. "E disse: Em verdade vos digo que, se não vos converterdes (não vos arrependerdes) e não vos tornardes como crianças [crédulas, humildes, amorosas, perdoadoras], de modo algum entrareis no reino dos céus. Portanto, aquele que se humilhar como esta criança [crédula, humilde, amorosa, perdoadora], esse é o maior no reino dos céus." (Mateus 18.3-4)

4. "Havia, entre os fariseus, um homem chamado Nicodemos, um dos principais (um líder, uma autoridade) dos judeus. Este, de noite, foi ter com Jesus e lhe disse: Rabi, sabemos (e estamos certos) que és Mestre vindo da parte de Deus; porque ninguém pode fazer estes sinais (esses milagres, e produzir os sinais) que tu fazes, se Deus não estiver com ele." (João 3.1-2)

5. "E isto afirmo: aquele que semeia pouco (com escassez e relutância) pouco (com escassez e relutância) também ceifará; e o que semeia com fartura [generosamente, de forma que possa abençoar alguém] com abundância [generosamente e com bênçãos] também ceifará." (2 Coríntios 9.6)

6. "Porque, se perdoardes aos homens as suas ofensas [pecados voluntários e involuntários; deixando-os, liberando-os e desistindo de guardar ressentimentos], também vosso Pai celeste vos perdoará." (Mateus 6.14)

7. "Eu, porém, vos digo: amai os vossos inimigos e orai pelos que vos perseguem." (Mateus 5.44)

8. "Como está escrito: 'Por pai de muitas nações te constituí', perante aquele no qual creu, o Deus que vivifica os mortos e chama à existência as coisas que não existem." (Romanos 4.17).

9. "Bendito o homem que confia no Senhor e cuja esperança é o Senhor" (Jeremias 17.7). "Buscai, pois, em primeiro lugar, o seu reino e a sua justiça, e todas estas coisas vos serão acrescentadas." (Mateus 6.33)

CAPÍTULO 7
Guarda da Alegria nº. 3: Seja simples

1. "Visto como, na sabedoria de Deus, o mundo não o conheceu por sua própria sabedoria, aprouve a Deus salvar os que crêem pela loucura da pregação." (1 Coríntios 1.21)

2. "Fala o Poderoso, o Senhor Deus, e chama a terra desde o Levante até ao Poente" (Salmos 50.1). "Não temos nós todos o mesmo Pai? Não nos criou o mesmo Deus? Por que seremos desleais uns para com os outros, profanando a aliança de nossos pais?" (Malaquias 2.10)

3. MERRIAM-WEBSTER'S collegiate dictionary. 11. ed.

4. *Idem.*

5. "E, orando, não useis de vãs repetições (multiplicando palavras, dizendo as mesmas coisas, vez após vez), como os gentios; porque presumem que pelo seu muito falar serão ouvidos. Não vos assemelheis, pois, a eles; porque Deus, o vosso Pai, sabe o de que tendes necessidade, antes que lho peçais." (Mateus 6.7-8)

CAPÍTULO 8
Ladrão da Alegria nº 4: Racionalização excessiva

1. "Enquanto durar a terra, não deixará de haver sementeira e ceifa, frio e calor, verão e inverno, dia e noite" (Gênesis 8.22). "E isto afirmo: aquele que semeia pouco (com escassez e relutância) pouco (com escassez e relutância) também ceifará; e o que semeia com fartura [generosamente, de forma que possa abençoar alguém] com abundância [generosamente e com bênçãos] também ceifará." (2 Coríntios 9.6)

2. "Estas coisas vos tenho dito para que tenhais paz (de coração e mente) em mim. No mundo, passais por aflições (muitas tribulações e sofrimentos); mas tende bom ânimo; eu venci o mundo." (João 16.33)

3. "Porque os que se inclinam para a carne (vivem de acordo com a natureza pecaminosa) cogitam das coisas da carne (têm suas mentes inclinadas pelos desejos naturais) ; mas os que se inclinam para o Espírito (têm suas mentes inclinadas) das coisas (desejos) do Espírito. Porque o pendor (mente do homem pecador) da carne dá para a morte, mas o (a mente controlada pelo) do Espírito, para a vida e paz." (Romanos 8.5-6)

4. "E a paz de Deus, que excede todo o entendimento, guardará o vosso coração e a vossa mente em Cristo Jesus." (Filipenses 4.7)

5. "A quem, não havendo visto, amais; no qual, não vendo agora, mas crendo, exultais com alegria indizível e cheia de glória." (1 Pedro 1.8)

6. "Ora, àquele que é poderoso para fazer infinitamente mais do que tudo quanto pedimos ou pensamos, conforme o seu poder que opera em nós." (Efésios 3.20)

7. Veja Atos 9.3-8: "Seguindo ele estrada fora, ao aproximar-se de Damasco, subitamente uma luz do céu brilhou ao seu redor, e, caindo por terra, ouviu uma voz que lhe dizia: Saulo, Saulo, por que me persegues? Ele perguntou: Quem és tu, Senhor? E a resposta foi: Eu sou Jesus, a quem tu persegues". (Atos 9.3-5)

8. "Não as adorarás, nem lhes darás culto; porque eu sou o Senhor, teu Deus, Deus zeloso, que visito a iniquidade dos pais nos filhos até à terceira e quarta geração daqueles que me aborrecem." (Êxodo 20.5)

9. BARNES, Albert. *Barnes´ notes*. Eletronic Database. Copyright 1997 por Biblesoft. Todos os direitos reservados, nota sobre o Salmo 127.1.

10. "Ora, se um cego guiar outro cego, cairão ambos no barranco. Então, lhe disse Pedro: Explica-nos a parábola. Jesus, porém, disse: Também vós não entendeis ainda (não compreendeis, nem sois capazes de perceber as coisas)?" (Mateus 15.14-16). "Ao que lhes disse Jesus: Não compreendeis ainda?" (Marcos 8.21)

11. "Sede fortes e corajosos (e firmes), não temais, nem vos atemorizeis diante deles, porque o Senhor, vosso Deus, é quem vai [marchará] convosco; não vos deixará, nem vos desamparará. ... O Senhor é quem vai adiante de ti; ele será (marchará) contigo, não te deixará, nem te desamparará; (não haja covardia ou retrocesso) não temas [não haja covardia ou hesitação], nem te atemorizes (não desanimes, nem te enfraqueças ou te assustes)." (Deuteronômio 31.6,8)

12. "Não vos sobreveio tentação (nenhuma provação visando instigá-los ao pecado) [não importa de onde venha ou para onde leve] que não fosse humana [ou seja, nenhuma tentação ou provação tem vindo a vocês que esteja além da resistência humana e que não seja ajustada, adaptada e pertencente à experiência humana e tal que um homem possa suportar] ; mas Deus é fiel [à sua Palavra e a sua natureza compassiva, e confiável] e não permitirá que sejais tentados (atribulados e provados) além das vossas forças (habilidade e capacidade de resistência e poder para enfrentar); pelo contrário, juntamente com a tentação, [sempre] vos proverá livramento (o meio de escape para um lugar espaçoso), de sorte que a possais suportar (vocês sejam capazes, fortes e poderosos para suportar pacientemente)" (1 Coríntios 10.13). "Fiel é o que vos chama [para Si mesmo] (e plenamente confiável), o qual também o fará [cumprirá seu propósito de vos santificar e guardar]" (1 Tessalonicenses 5.24). "Guardemos (apeguemo-nos, agarremos, retenhamos) firme a confissão (daquilo que estimamos e confessamos e nosso reconhecimento) da esperança, sem vacilar, pois quem fez a promessa é fiel (confiável, infalível e fiel à sua Palavra)." (Hebreus 10.23)

CAPÍTULO 9
Guarda da Alegria no. 4: Confie em Deus

1. "Bem que eu poderia confiar também na carne. Se qualquer outro pensa que pode confiar na carne (em suas vantagens físicas e exteriores), eu ainda mais: circuncidado ao oitavo dia, da linhagem de Israel, da tribo de Benjamim, hebreu [e filho] de hebreus; quanto à lei, [do partido dos fariseus] fariseu, quanto ao zelo, perseguidor da igreja; quanto à (ao padrão de) justiça que há na lei (possível justiça, retidão e posição correta com Deus), irrepreensível (inculpável e sem falta encontrada em mim)." (Filipenses 3.4-6)

2. "Pois qualquer que guarda toda a lei, mas tropeça em um só ponto, se torna culpado de todos." (Tiago 2.10)

3. "Cobiçais e nada tendes; matais, e invejais, e nada podeis obter; viveis a lutar e a fazer guerras. Nada tendes, porque não pedis." (Tiago 2.10)

CAPÍTULO 10
Ladrão da Alegria nº. 5: Ira impiedosa

1. "O ladrão vem somente para roubar, matar e destruir; eu vim para que tenham (e desfrutem a) vida e a tenham em abundância (até a plenitude, até transbordar)" (João 10.10). "Nem deis lugar (espaço ou base) ao diabo [não deis oportunidade a ele]." (Efésios 4.27)

2. "Ora, nós conhecemos aquele que disse: A mim pertence a vingança [a retribuição e a satisfação da plena justiça repousam sobre mim]; eu retribuirei. E outra vez: O Senhor julgará (e determinará, solucionará e resolverá a causa e casos do) o seu povo." (Hebreus 10.30)

3. "Porque a nossa luta não é contra o sangue e a carne [contendendo somente com oponentes físicos], e sim contra os principados e potestades, contra os dominadores deste mundo tenebroso, contra as forças espirituais do mal, nas regiões celestes (sobrenaturais)." (Efésios 6.12)

4. Justiça significa atitudes corretas, é saber que você está certo diante de Deus.

5. Se você gostaria de aprender mais sobre lidar com a ira, poderá ouvir minha série de estudos em cassetes *How to Handle & Deal with Anger*, ao escrever para meu escritório ou visitar meu endereço na Internet.

6. "Então, ele me disse: A minha graça te basta [meu favor, benignidade e misericórdia são suficientes para ti, contra qualquer perigo e te capacitam a enfrentar o problema corajosamente], porque o poder se aperfeiçoa [é pleno e completo, e mostra-se mais efetivo] na [sua] fraqueza." (2 Coríntios 12.9)

7. "Mas o fruto do Espírito é: amor, alegria, paz, longanimidade, benignidade, bondade, fidelidade, mansidão, domínio próprio. Contra estas coisas não há lei" (Gálatas 5.22-23). "Pois, outrora, éreis trevas, porém, agora, sois luz no Senhor; andai como filhos da luz (porque o fruto da luz consiste em toda bondade, e justiça, e verdade), provando sempre o que é agradável ao Senhor." (Efésios 5.8-10)

8. "Disse-lhes mais: ide, comei carnes gordas, tomai bebidas doces e enviai porções aos que não têm nada preparado para si; porque este dia é consagrado ao nosso Senhor; portanto, não vos entristeçais, porque a alegria do Senhor é a vossa força." (Neemias 8.10)

9. "Sede, pois, imitadores de Deus [copiem-no e sigam seu exemplo], como filhos amados [imitem seu Pai]." (Efésios 5.1)

10. CLARKE, Adam *Clarke's commentary*. Eletronic Database. Copyright 1996, Biblesoft. Todos os direitos reservados. Comentário de Gênesis 1.26.

11. "Dai, e dar-se-vos-á; boa medida, recalcada, sacudida, transbordante, generosamente vos darão; porque com a medida com que tiverdes medido vos medirão também." (Lucas 6.38)

12. POPE, Alexander. *In*: ANDREWS, Robert; BIGGS, Mary; SEIDEL, Michal. *The Columbia World of quotations*. New York: Columbia University Press, 1996. Disponível em: http://bartleby.com/66/9/44909.html.

13. "(Pois à medida que conhecermos melhor a Deus, Ele nos dará, por intermédio de seu grande poder, tudo de que precisamos para viver uma vida verdadeiramente abençoada; Ele compartilhará conosco até mesmo de sua própria glória e bondade). Visto como, pelo seu divino poder, nos têm sido doadas todas as coisas que conduzem à vida e à piedade, pelo conhecimento completo daquele que nos chamou para a sua própria glória e virtude, pelas quais nos têm sido doadas as suas preciosas e mui grandes promessas (e

pelo mesmo grande poder Ele nos têm dado todas as outras riquezas e bênçãos maravilhosas que prometeu), para que por elas vos torneis co-participantes da natureza divina, (por exemplo) livrando-vos da corrupção (e luxúria) das paixões que há no mundo (dando-vos do seu próprio caráter)." (2 Pedro 1.3-4)

14. "Porém em nada considero a vida preciosa para mim mesmo (e nada dessas coisas me empolga), contanto que complete a minha carreira e o ministério que recebi (que me foi confiado) do Senhor Jesus para (fielmente) testemunhar o evangelho da graça de Deus (seu imerecido favor, bênçãos espirituais e misericórdia)." (Atos 20.24)

CAPÍTULO 11
Guarda da Alegria nº 5: Seja rápido para perdoar

1. "Quanto dista o Oriente do Ocidente, assim afasta de nós as nossas transgressões." (Salmos 103.12)

2. "Eu, eu mesmo, *sou o que apago as tuas transgressões* por amor de mim e dos teus pecados não me lembro." (Isaías 43.25, grifo da autora)

3. "1. LOGOS denota (1) a expressão de pensamento; 2. RHEMA denota o que é falado, "O significado de *rhema* (como algo distinto de *logos*) é exemplificado na determinação para usarmos "a espada do Espírito que é a palavra de Deus", Efésios 6.17. Aqui a referência não é a toda a Bíblia como tal, mas a determinado versículo que a Bíblia traz à nossa lembrança para usar em tempos de necessidade, tendo como principal pré-requisito o fato de armazenar regularmente as Escrituras na mente." (VINE, W. E. *New expository dictionary of New Testament words*. Old Tappan, NJ: Fleming H. Revell)

4. De fato, sem fé é impossível agradar (e satisfazer) a Deus, porquanto é necessário que aquele que se aproxima de Deus (necessariamente) creia que ele existe e que se torna galardoador dos que (fervorosa e diligentemente) o buscam. (Hebreus 11.6)

5. MERRIAM-WEBSTER´S collegiate dictionary. 11. ed.

6. "(Lançando fora imaginações) e toda altivez que se levante contra o conhecimento de Deus, e levando cativo todo pensamento à obediência de Cristo." (2 Coríntios 10.5, trecho entre parênteses traduzido da KJV)

7. "Então, Pedro, aproximando-se, lhe perguntou: Senhor, até quantas vezes meu irmão pecará contra mim, que eu lhe perdoe? Até sete vezes?" (Mateus 18.21)

8. "Não por força nem por poder, mas pelo meu Espírito [de quem o azeite é um símbolo], diz o Senhor dos Exércitos." (Zacarias 4.6)

CAPÍTULO 12
Ladrão da Alegria nº. 6: Ciúmes e inveja

1. "Ora, Israel amava mais a José que a todos os seus filhos, porque era filho da sua velhice; e fez-lhe uma túnica talar de mangas compridas. Vendo, pois, seus irmãos que o pai o amava mais que a todos os outros filhos, odiaram-no e já não lhe podiam falar pacificamente." (Gênesis 37.3-4)

2. "Eu é que sei que pensamentos tenho a vosso respeito, diz o Senhor; pensamentos de paz e não de mal (para vos prejudicar), (planos) para vos dar o fim que desejais (uma esperança e um futuro)." (Jeremias 29.11)

CAPÍTULO 13
Guarda da Alegria nº. 6: Seja abundantemente abençoado

1. "Reconhece-o em todos os teus caminhos, e ele endireitará as tuas veredas" (Provérbios 3.6)

2. "Olhando firmemente para o Autor e Consumador da fé, Jesus, o qual, em troca da alegria que lhe estava proposta, suportou a cruz,

Notas

não fazendo caso da ignomínia, e está assentado à destra do trono de Deus." (Hebreus 12.2)

3. "Sabemos [tendo Deus como parceiro em seu labor] que todas as coisas cooperam [ajustam-se num plano] para o bem daqueles que amam a Deus, daqueles que são chamados segundo o seu (desígnio e) propósito." (Romanos 8.28)

4. "Se [realmente] me amais, guardareis (obedecereis) os meus mandamentos." (João 14.15)

5. "Quando ouviram a voz do Senhor Deus, que andava no jardim pela viração do dia, esconderam-se da presença do Senhor Deus, o homem e sua mulher, por entre as árvores do jardim." (Gênesis 3.8)

6. 1. LOGOS denota (1) a expressão de pensamento; 2. RHEMA denota o que é falado, "O significado de *rhema* (como algo distinto de *logos*) é exemplificado na determinação para usarmos "a espada do Espírito que é a palavra de Deus", Efésios 6.17. Aqui a referência não é a toda a Bíblia como tal, mas a determinado versículo que a Bíblia traz à nossa lembrança para usar em tempos de necessidade, tendo como principal pré-requisito o fato de armazenar regularmente as Escrituras na mente." (VINE. *An expository dictionary*)

7. "Por isso, também me esforço (exercito e disciplino a mim mesmo, mortificando meu corpo, destruindo minhas afeições e apetites carnais, desejos mundanos, empenhando diligência em todos os aspectos) por ter sempre consciência pura (inabalável e inculpável) diante de Deus e dos homens." (Atos 24.16)

8. "Seja a paz (a harmonia da alma que vem) de Cristo o árbitro (continuamente) em vosso coração (decidindo e resolvendo todas as questões que surgem em sua mente, nesse estado pacífico), à qual, também, fostes chamados (como membros) em um só corpo [de Cristo]; e sede agradecidos [dando sempre louvores a Deus]." (Colossenses 3.15)

CAPÍTULO 14
Ladrão da Alegria nº. 7: Descontentamento habitual

1. "Quem nos separará do amor de Cristo? Será (sofrimento, aflição) tribulação (calamidade), ou angústia, ou perseguição, ou fome, ou nudez, ou perigo, ou espada? Como está escrito: Por amor de ti, somos entregues à morte o dia todo, fomos considerados como ovelhas para o matadouro. Em todas estas coisas, porém, somos mais que vencedores (e obtemos uma vitória incomparável), por meio daquele que nos amou." (Romanos 8.35-37)

2. "Uma coisa peço ao Senhor, e a buscarei (inquirirei, e insistentemente requererei): que eu possa morar na Casa do Senhor [em sua Presença] todos os dias da minha vida." (Salmos 27.4)

CAPÍTULO 15
Guarda da Alegria nº. 7: Permaneça contente

1. "Amado, acima de tudo, faço votos (oro) por tua prosperidade (de todas as formas) e saúde [no teu corpo], assim como [sei que] é próspera a tua alma." (3 João 1.2)

2. "I. HUPOMONE... perseverança, (a) nas tribulações... (c) sob correção, quando a tribulação é vista como vinda da mão de Deus, nosso Pai" (VINE. Paciência, paciente, pacientemente. *In*: *An expository dictionary*, p. 167-168)

3. CONTENTE. *In*: WEBSTER'S 1828.

4. "Uma razão de seus desejos não serem realizados é que eles não pediam a Deus, que é o único que pode satisfazer os desejos humanos. A segunda razão é encontrada na motivação inaceitável de quem pedia: *para esbanjardes em vossos prazeres* (Tiago 4.3) A condição essencial de todas as orações é encontrada em 1 João 5.14, "*E esta é a*

confiança que temos para com ele: que, se pedirmos alguma coisa segundo a sua vontade, ele nos ouve." (PFEIFFER. Charles E.; HARRISON, Everett F. [Ed.]. *The Wycliffe bible commentary*, sobre Tiago 4.2-3)

5. "Ora, se vós, que sois maus, sabeis dar boas (e vantajosas) dádivas aos vossos filhos, quanto mais vosso Pai, que está nos céus [perfeito como Ele é], dará boas (e vantajosas) coisas aos que lhe pedirem (continuamente)?" (Mateus 7.11)

6. "Ora, àquele que é poderoso [capaz de cumprir seu propósito e] fazer infinitamente (superabundantemente além e acima) mais do que tudo quanto (ousadamente) pedimos ou pensamos [infinitamente além das nossas mais sublimes orações, desejos, pensamentos, esperanças e sonhos mais elevados], conforme (em consequência da ação do) o seu poder que opera em nós." (Efésios 3.20)

7. "Quanto a vós outros, servos, obedecei a vosso senhor segundo a carne com temor e tremor, na sinceridade do vosso coração, como a Cristo, não servindo à vista, como para agradar a homens, mas como servos de Cristo, fazendo, de coração, a vontade de Deus; servindo de boa vontade, como ao Senhor e não como a homens, certos de que cada um, se fizer alguma coisa boa, receberá isso outra vez do Senhor, quer seja servo, quer livre." (Efésios 6.5-8)

8. "Se atentamente ouvires a voz do Senhor, teu Deus, tendo cuidado de guardar todos os seus mandamentos que hoje te ordeno, o Senhor, teu Deus, te exaltará sobre todas as nações da terra. Se ouvires a voz do Senhor, teu Deus, virão sobre ti e te alcançarão todas estas bênçãos: Bendito serás tu na cidade e bendito serás no campo. Bendito o fruto do teu ventre, e o fruto da tua terra, e o fruto dos teus animais, e as crias das tuas vacas e das tuas ovelhas. Bendito o teu cesto e a tua amassadeira. Bendito serás ao entrares e bendito, ao saíres. O Senhor fará que sejam derrotados na tua presença os inimigos que se levantarem contra ti; por um caminho, sairão contra ti, mas, por sete caminhos, fugirão da tua

presença. O Senhor determinará que a bênção esteja nos teus celeiros e em tudo o que colocares a mão; e te abençoará na terra que te dá o Senhor, teu Deus. O Senhor te constituirá para si em povo santo, como te tem jurado, quando guardares os mandamentos do Senhor, teu Deus, e andares nos seus caminhos. E todos os povos da terra verão que és chamado pelo nome do Senhor e terão medo de ti. O Senhor te dará abundância de bens no fruto do teu ventre, no fruto dos teus animais e no fruto do teu solo, na terra que o Senhor, sob juramento a teus pais, prometeu dar-te. O Senhor te abrirá o seu bom tesouro, o céu, para dar chuva à tua terra no seu tempo e para abençoar toda obra das tuas mãos; emprestarás a muitas gentes, porém tu não tomarás emprestado. O Senhor te porá por cabeça e não por cauda; e só estarás em cima e não debaixo, se obedeceres aos mandamentos do Senhor, teu Deus, que hoje te ordeno, para os guardar e cumprir. Não te desviarás de todas as palavras que hoje te ordeno, nem para a direita nem para a esquerda, seguindo outros deuses, para os servires." (Deuteronômio 28.1-14)

9. "Mas os levitas se acamparão ao redor do tabernáculo do Testemunho, para que não haja ira sobre a congregação dos filhos de Israel; pelo que os levitas tomarão a si o cuidar do tabernáculo do Testemunho." (Números 1.53)

10. "Procedente do Senhor saiu fogo e consumiu os duzentos e cinqüenta homens que ofereciam o incenso." (Números 16.35)

11. "E a ira do Senhor contra eles se acendeu; e retirou-se. A nuvem afastou-se de sobre a tenda; e eis que Miriã achou-se leprosa, branca como neve; e olhou Arão para Miriã, e eis que estava leprosa. Então, disse Arão a Moisés: Ai! Senhor meu, não ponhas, te rogo, sobre nós este pecado, pois loucamente procedemos e pecamos. Ora, não seja ela como um aborto, que, saindo do ventre de sua mãe, tenha metade de sua carne já consumida. Moisés clamou ao Senhor, dizendo: Ó Deus, rogo-te que a cures. Respondeu o Senhor a Moisés: Se seu pai lhe cuspira no rosto, não seria envergonhada por sete dias? Seja detida sete dias fora do arraial e, depois, recolhida.

Assim, Miriã foi detida fora do arraial por sete dias; e o povo não partiu enquanto Miriã não foi recolhida." (Números 12.9-15)

12. "Pois tu formaste o meu interior tu me teceste no seio de minha mãe. Graças te dou, visto que por modo assombrosamente maravilhoso me formaste; as tuas obras são admiráveis, e a minha alma o sabe muito bem; os meus ossos não te foram encobertos, quando no oculto fui formado e entretecido como nas profundezas da terra. Os teus olhos me viram a substância ainda informe, e no teu livro foram escritos todos os meus dias, cada um deles escrito e determinado, quando nem um deles havia ainda." (Salmos 139.13-16)

CAPÍTULO 16
Você pode ter uma vida de alegria

1. "O ladrão vem somente para roubar, matar e destruir; eu vim para que tenham (e desfrutem a) vida e a tenham em abundância (até a plenitude, até transbordar)." (João 10.10)

2. "Porém tu, Senhor, és o meu escudo, és a minha glória e o que exaltas a minha cabeça." (Salmos 3.3)

3. "Disse-lhes mais: ide, comei carnes gordas, tomai bebidas doces e enviai porções aos que não têm nada preparado para si; porque este dia é consagrado ao nosso Senhor; portanto, não vos entristeçais, porque a alegria do Senhor é a vossa força." (Neemias 8.10)

4. MATTHEW Henry´s concise commentary on the Whole Bible. Disponível em: http://bible.crosswalk.com/Commentaries/MatthewHenryConcise/mhc-con.cgi?book=1th&chapter=005, sobre 1 Tessalonicenses 5.16-22.

5. "Quanto ao homem a quem Deus conferiu riquezas e bens e lhe deu poder para deles comer, e receber a sua porção, e gozar do seu trabalho, isto é dom de Deus." (Eclesiastes 5.19)

Sobre a Autora

Joyce Meyer é uma das líderes no ensino prático da Bíblia no mundo. Renomada autora de best-sellers pelo *New York Times*, seus livros ajuda-ram milhões de pessoas a encontrarem esperança e restauração através de Jesus Cristo.

Através dos *Ministérios Joyce Meyer*, ela ensina sobre centenas de assun-tos, é autora de mais de 80 livros e realiza aproximadamente quinze conferências por ano. Até hoje, mais de doze milhões de seus livros foram distribuídos mundialmente, e em 2007 mais de três milhões de cópias foram vendidas. Joyce também tem um programa de TV e de rádio, *Desfrutando a Vida Diária*®, o qual é transmitido mundialmente para uma audiência potencial de três bilhões de pessoas. Acesse seus programas a qualquer hora no site www.joycemeyer.com.br

Após ter sofrido abuso sexual quando criança e a dor de um primeiro casamento emocionalmente abusivo, Joyce descobriu a liberdade de viver vitoriosamente aplicando a Palavra de Deus à sua vida, e deseja ajudar outras pessoas a fazerem o mesmo. Desde sua batalha contra um câncer no seio até as lutas da vida diária, Joyce Meyer fala de forma aberta e prática sobre sua experiência, para que outros possam aplicar o que ela aprendeu às suas vidas.

Ao longo dos anos, Deus tem dado a Joyce muitas oportunidades de compartilhar seu testemunho e a mensagem de mudança de vida do Evangelho. De fato, a revista *Time* a selecionou como uma das mais in-fluentes líderes evangélicas dos Estados Unidos. Sua vida é um incrível testemunho do dinâmico e restaurador trabalho de Jesus Cristo. Ela crê e ensina que, independente do passado da pessoa ou dos erros come-tidos, Deus tem um lugar para ela, e pode ajudá-la em seus caminhos para desfrutar a vida diária.

Joyce tem um merecido PhD em teologia pela Universidade Life Christian em Tampa, Flórida; um honorário doutorado em divindade pela Universidade Oral Roberts em Tulsa, Oklahoma; e um honorá-rio doutorado em teologia sacra pela Universidade Grand Canyon em Phoenix, Arizona. Joyce e seu marido, Dave, são casados há mais de quarenta anos e são pais de quatro filhos adultos. Dave e Joyce Meyer vivem atualmente em St. Louis, Missouri.